JN256515

授業のパターン化で子どもが「主体的・対話的で深い学び」に向かう！

国語科授業のトリセツ

南惠介 著

フォーラム・A

はじめに

「国語の授業が一番何をすればいいかわからない。」

そのような声を出会った先生方から聞くことがあります。

同じように、子どもも「国語は苦手」と感じている場合が多いように思います。

かくいう私も新採の頃からかなり長い間、「国語の授業ってどうすればいいのだろう。」とずっと考え続けてきたものです。

しかし現在では、僕自身もそして目の前の子ども達もさほど困らずに、それなりに楽しみながら国語の授業を進めることができています。

そうなることができた一番大きな理由は、授業を「パターン化」したことだと思います。それは、年を追うごとに、授業の「パターン」が確立されてきて準備に手間取らなくなるからです。もちろん、その方法が子どもにとって本当に価値がある授業かどうかの吟味は、常に必要だとは思います。

ベテラン教員になってくると、授業準備に時間がかからなくなってくるものです。

素晴らしい授業実践というのは、世の中に多く出ています。しかし、そういう素晴らしい実践を「いつもの」授業に毎回取り入れるのには無理があります。

それを日常的な授業に再現可能なパターンとして落とし込むには、どうしたらいいのだろう。

そう考え、学んできたことを活かしながら、試行錯誤して授業を組み立て続けてきました。

すると、教科書の学習内容や教材と向かい合って考えているうちに、本書で紹介する「パターン」らしきものが少しずつできてきたのです。また、それらは教科書に沿って考えてきたことなので、結果的に学習指導要領の目標との整合性もありました。そこから、学習指導要領自体にも照らし合わせて、また少しずつさらに変えていったのです。

そうした中で何よりも大事にしたのが、子ども達が「主体的・対話的」になるような「発問」や「指示」を模索することです。それには「シンプルにする」ということが大事でした。

こうしてできあがったのが、本書の「国語科授業のパターン」です。

もちろん、世の中にはもっと素晴らしい実践が、より具体的に提示されている本もあるでしょう。しかし、まずは「骨組み」として、この「パターン」を知っておくことで、その素晴らしい実践もより理解しやすくなります。本書はそれをも目的とし、発問・指示をハウツーとして学びやすい順番に並べ、誰でも使えるようにトリセツ（取扱説明書）として提示させていただきました。

本書では、発問と指示をつないでいくだけで、一つの学習が成立するように書いてあります。

また、「基礎的な国語力」を鍛えることや、より「深い学び」に向かうオプション的な学習活動も収録してあります。

この本で示したパターンを骨組みとし、より国語を深く研究していただきたいと思います。

何よりも本書は、私が若い頃に欲しかった本です。

本書が、私の若い頃と同じように困っている先生方のお役に立てますように。

南　恵介

第三章 「話す・聞く・読む・書く」を指導するヒント！……81

国語の基礎的な力

第四章 国語科授業をさらに「楽しい」ものにするヒント！……107

第一章

「主体的・対話的で深い学び」に向かう国語科授業とは？

「国語」で何を学ぶのか？

～教材そのものを学ぶのではなく、教材を通して力をつける～

教科書には、教材文の後のページにその授業で行う活動内容などが書かれています。たとえば、

『こまを楽しむ』（光村図書三年上）

▼「問い」は、どの段落に書かれていますか。また、どんな「問い」が書かれていますか。

▼「中」では、「問い」にたいする「答え」として、どんなことが書かれていますか。大事な言葉や文に気をつけて、段落ごとにせいりしましょう。

▼「おわり」は、どの段落に書かれていますか。また、どんなことが書かれていますか。

『ありの行列』（光村図書三年下）

▼『ありの行列』は、「はじめ」「中」「終わり」の組み立てで書かれた文章です。

・文章全体の「問い」をたしかめましょう。

・それに対する「答え」の部分を見つけましょう。

・「中」について、段落ごとにないようをたしかめ、段落の中心となる文を書きぬきましょう。

『生き物は円柱形』（光村図書五年）

▼文章全体の構成をたしかめ、内容をまとめよう。

・文章全体を、大きく「初め」「中」「終わり」に分けよう。「初め」と「終わり」は、どういう役割をもっているだろうか。
・「中」を、前半部分と後半部分の二つに分けよう。

第２　各学年の目標及び内容
〔第３学年及び第４学年〕
２　内　容〔知識及び技能〕
⑵　話や文章に含まれている情報の扱い方に関する次の事項を身に付けることができるよう指導する。
ア　考えとそれを支える理由や事例，全体と中心など情報と情報との関係について理解すること。
〔第５学年及び第６学年〕
２　内　容〔知識及び技能〕
⑵　話や文章に含まれている情報の扱い方に関する次の事項を身に付けることができるよう指導する。
ア　原因と結果など情報と情報との関係について理解すること。
イ　情報と情報との関係付けの仕方，図などによる語句と語句との関係の表し方を理解し使うこと。
〔平成29年告示 小学校学習指導要領 第2章第1節国語より引用〕

これらを読んで、**共通した「問い」（学習内容）が学年や教材に限らず、全体に貫かれていることに気づかれたでしょうか。**実は教材が変わっても、問うている中身はさほど変わらないのです。これは説明文でも、物語文であっても同様だと言えます。

上記の学習指導要領の一部を見てください。学年が上がってもほとんど内容が変わらず、あくまでも前学年からの発展的内容であることがわかります。

当たり前ですが、教科書は学習指導要領の学習内容を達成するためにつくられています。教材ごとの特色はそれぞれあったとしても、つけたい力の大きな目標が違うわけではないのです。

すると、教材が変わっても「ほぼ同じ内容」を繰り返し学ばせることになるということが基本的な考えとなります。そして、年間を通して同じ指示や発問で授業をし、スパイラルに学んでいくことで、二学期、三学期、そして次年度……と、学びのレベルがどんどん上がっていくのです。

極論を言えば、教材は何でもよいのです。大切なことは、「ごんが何をとったか？」や「何を持って来たか？」、「どんなできごとがあったか？」などではありません。その教材を通して、「どんな力をつけるのか？」、それこそが年間を通して国語の授業でねらっていくことなのです。

そうした考えをもつようになった私は、一つの考えに至りました。

「教材が変わっても繰り返し同じ内容を学習するということは、子ども達に出している『発問』や『指示』も共通させられる」

簡単に言えば、「パターン化することができる」ということです。

ともすれば、国語の授業は、言葉の意味や感想のような自身の解釈を教師が教えるということで授業が完結してしまうことさえあります。しかし、先述したような学習指導要領を反映した明確な学習内容から学ばせることこそが、本来は国語の授業で最も大切なことなのです。

パターン化のメリットとは？
～「主体的・対話的で深い学び」へ～

それでは、授業をパターン化するメリットとは何でしょうか。

まず第一に、教師自身が授業を見通せます。もちろん、すべての教材をすべて同じパターンで行うことはできません。ですが、授業のスタイルを教材ごとや、時間ごとに変えるよりも、ある程度しっかりした「幹」を設定し、そこに茂らせる枝葉をアレンジする方がやりやすいのは明らかです。毎時間「新しくつくる」のではなく、「工夫しながら、つけ加えていく」というイメージです。

また、子ども達も授業がパターン化していれば、それをもとに**子ども達自身の学習に対する見通しも、何となくもつことができるようになってくる**のです。そこから得られる安心感のようなものが、より「教材の内容への学習」に集中させていくことにもつながっていきます。

第二に、授業をパターン化し、繰り返し同じ目的に沿ってスパイラルに学習することで、**子ども達に主体的に学習する土台が徐々にできあがってきます。**いわゆる「汎用的な学力」がついてくるわけです。

より具体的に言えば、「教材を見る視点」と「その視点によって吟味する力」を子ども達自身がもつことができるということです。

「子ども達に教材を解釈する『道具』を与える」

包丁という道具の使い方を知ることで、料理がしたくなり、その結果、料理そのものが上達します。パターン化によって学び方を学んだ子ども達は、その「学び方」という道具を使って、次の学びにさらに主体的に向かっていけるのです。

ここでお気づきの方がおられるかもしれません。本書の授業のパターン化は、新学習指導要領で言うところの「主体的・対話的で深い学び」を志向しています。

もちろん教科書にあるような指示通りに学習を進めていくことでも、十分国語の力をつけることは可能です。ただ、それだけで本当に子ども達が「主体的」になり、「対話」が活発に行われる授業になるかと考えると、いささか疑問です。なぜなら、教科書というのは、性質上どうしても「これをするとこうなるでしょ。で、次にこれをするとこれがわかるでしょ。だからこうなるんだよ。わかった？」という演繹的な提示になりがちです。

それとは違い、本書で示した発問や指示は、子ども達が結果的に内容をつかむ帰納的な学習をねらっています。「まずしっかり文章を読ませたい」、「あらすじや登場人物とその関係性をつかませたい」というねらいを考えたときに、一つひとつ指示したり問うたりするよりも、「一言で言うと、この物語はどんな話ですか？」とシンプルに発問することで、結果的に「しっかり文を読み、あらすじや登場人物とその関係性を子どもがつかむ」ように向かわせることができるのです。

「これはだれですか？」、「○○でーす。」という一問一答形式の（またはそれに近い）ような授業や、授業の最後に教師が子どもに向かって「わかった？」と問う授業では、新学習指導要領のねらいは達成できません。子どもの発言に対して教師が「なるほど。」と言うのが理想の授業です。

また、主体的・対話的に読んでいくことで「言葉の獲得」や「言葉に対する知識の深まり」も期待できます。やらされるのではなく、興味をもって自ら学習したことの方が自分の身になるということを、学校という場に限らずあらゆる学びの場で私達自身も多く経験してきたことでしょう。

「主体的・対話的で深い学び」は過程を重視し、その結果わかったこと、知ったことに価値を置いているのです。

目的をもって読んでいくからこそ「この言葉ってどういう意味？」と立ち止まって考える子ども

や、学習の過程の中でそのように言葉に興味をもち、ただの意味だけでなく、語感（言葉のもつイメージ）も含めての幅広い理解をもつ姿を期待できるのです。

本書で紹介するパターン化での発問や指示はシンプルです。シンプルだからこそ、パターン化することによって「主体的・対話的で深い学び」につながると私自身は考えています。

発問・指示、そして活動と評価

本書は「発問」「指示」を中心にして、国語の授業を構成しています。では、その「発問」「指示」や「主発問」「補助発問」とは何でしょうか。

本書における私の定義を次に示します。

指　　示……問いを解決するための活動に向かわせるもの。
発　　問……その問いで、その時間の学習内容に迫ることができる問いかけ。
主 発 問……その時間全体を貫くための問いかけ。「柱」のようなもの。
補助発問……主発問と答えとの間にかける「梯子」のようなもの。主発問だけだと授業の活動に入りにくいと予想される場合に、主発問の前後どちらかなどに行う問いかけ。

また「主体的・対話的で深い学び」を支えるという意味では、次のような学習サイクルで授業を構成することが必須だと考えています。

（説明）→発問・指示→活動→評価（→次の問いの説明へ）

説明文を例にとってこの学習サイクルを具体的にすると、次のようになります。

「この文章は、三つに分けることができます。」（説明）

「一つ目と二つ目は、どこで分かれるでしょうか？」（発問）

「分かれると考えるところに、▼を書きましょう。」（指示）

子どもが自分で考えたり、友達と話し合いをしながら、分かれる場所を検討する。（活動）

「よく考えて印をつけることができましたね。」（活動に対する評価）

「なるほど、そういう理由を考えたのですね。」（思考に対する評価）

「先生の考えでは、○○が正解となります。」（学習内容に対する評価）

後の主体的な学びに必要な「知識を教え込む」ための授業ではこの限りではありませんが、「主体的・対話的で深い学び」に向かう「説明・発問・指示」の三つはシンプルであればあるほどよいと考えています。その分、子ども達が主体的に学ぶ時間と機会が確保されます。

これは、国語の授業に限らず「主体的・対話的で深い学び」において、どの教科でも重要な視点であるということもつけ加えておきます。

第二章

国語科授業をパターン化する！

それでは本章からシンプルな発問・指示を活かした中学年・高学年向けの授業の「パターン」を紹介していきます。

ここで紹介している時間別のユニット（授業法）は「骨組み」です。子ども達の学びの段階によっては省略したり、違うユニットに組み変えることもできます。

そして、時間数も目安です。特に年度当初は説明することも多く、子ども達の試行錯誤に時間をとられて、二時間、三時間と費やされることもあるでしょう。しかし、その時間も必要なのです。それが、子どもの資質・能力を育むことにつながります。

また、子ども達の読みの力が育ち、初発の感想からその後の重要な課題や疑問が出てくるようになると、流れの中にそれを入れ込みながら、解決していく必要性も出てきます。

たとえば、「なぜ筆者はこのような疑問をもったのだろうか？」という問いが子ども達から出たとします。そのときは、そのような視点から再度教材を読み込んだり、筆者のほかの文献や来歴を教師が調べたりして、そのときの自分なりの解を示す必要があるのです。（授業のパターン化で準備時間を省力化できたら、そういった子どもの「深い学び」に関わる教材研究・素材研究の時間にあてるのです）

「そのときの」と前述したのは、私自身が二度三度と同じ教材を教えていて、微妙に、あるいは大きく解釈が変わった経験からです。ある意味、それは教師の授業者としての成長ととらえることもでき、あながち悪いことでもないと私は考えています。

それでは、次ページから物語文、説明文、詩文の順に紹介していきます。

授業のパターン化❶

物語文の授業パターン

一時間目　子どもの理解度をはかる　～範読・初発の感想を書く～
「最初の感想を書きましょう。」

二時間目　音読練習・辞書引き

三時間目　物語の概要をつかむ
「簡単に言うと、どんな話ですか？」

四時間目　登場人物・主人公を問う
「登場人物はだれですか？」「主人公はだれですか？」

五時間目　主人公の心情の変化を問う　①
「主人公の気持ちが一番大きく変わったのはどこでしょう？」

六時間目　主人公の心情の変化を問う　②

七時間目　その教材のより具体的な、あるいは特徴的な内容を学習する

八時間目　最後の感想を書く・伝え合う
「最後の感想を書きましょう。」「友達のノートを読んで感想を伝えましょう。」

一時間目

子どもの理解度をはかる

～範読・初発の感想を書く～

主指示

最初の感想を書きましょう。

まず、この「主指示」を出して初発の感想（最初の感想）を書かせますが、その前に範読・音読を行って、子どもに自分で文章を読ませて一通り教材に目を通させます。その際には、自分で読めなかった字にふりがなを振ったり、後で辞書を引くためにわからない言葉に印をつけることを指示してから、始めるようにしましょう。

ここでの感想は、学年の初めは本当に単なる感想、つまり「思いつき」を書くことも多いです。そこで、子ども達の感想がより深いものになるように、次の補助指示を出しましょう。

補助指示

わかったこと、考えたこと、思ったこと、わからなかったことを書きましょう。

この「補助指示」により、子ども達は「感想」をより具体的に、目的をもって書くことができるようになるのです。その際には、黒板に「わかったこと」、「考えたこと」などと補助指示で出した項目を箇条書きにして示してもよいでしょう。

このようにいくつかの項目を示すことで、「面白かった」や「楽しかった」だけというような「浅い」感想が減ります。ただし、必ずしもそういう感想が悪いというわけではありません。物語の内容をよく理解したうえで、「面白かった」、「楽しかった」と書く子もいるからです。その感想の文脈を読み取ることが教師には求められます。そう考えると、「面白かったこと」という項目を初めからあえて補助指示に加えて出すことも、決して悪いことではありません。

「初発の感想」を書くという活動では、特にそれぞれの「わからなかったこと」を大切にしたいと思います。初めは全体を通してざっくりと「大切なこと」に焦点をしぼって読んでいくため、最初からすべてを網羅できるわけではありません。なので、ここで出てくる「わからなかったこと」は、単元の学習の中で今後解決していく「大切なこと」になってくるのです。

以前、塾などでよく勉強していて、テストではほぼ百点しか取ったことがない子がいました。ですが、「わからなかったことがたくさん書けるのはいいことだよ。」と伝えて、あれやこれや書かせてその内容を読んでいくと、テストに出てくるような問いに対してはよく理解していましたが、それ以外のことについてはかなり基本的なことから理解できていませんでした。

子ども達の読解力が高まってくると初発の感想で多くの子ども達が、文章全体で書かれている内容を理解して感想を書くこともあります。初めから大まかな学習内容をつかんでしまうのです。

私の学級の子が書いた「初発の感想」を紹介します。

話の中のお姉さんと今のおばあさんが同じ人というのが、まず面白く思いました。若い男の人はわらぐつで、お姉さんの人がらに気づけたのがすごいです。今、昔、今と時間が違う……（以下略）

このような感想を一人で出すこともあれば、友達同士での読み合う活動を通して出てくることもあります。もちろん学期の最初からこのように書けるわけではなく、最初はまったく書けない子ども達もいます。しかし、学期を追ってスパイラルに学んでいくことで、子ども達は少しずつ文章のどこをどのように読めばよいかや書き表せばよいかを学び、このような感想を書くようになるのです。場合によっては、中心発問として問おうと考えていた内容について、学級のほとんどの子どもが的確に書いてくるということも起こってきます。

そのスタート段階として、学年当初最も大切にしたいことは「書く内容」ではありません。

「できるだけたくさん書くように助言する」

「たくさん書くのがいいんだよ。」と声をかけ、「一ページを超えるくらい書けたらいいなあ。」、「お、一ページ超えた人がいる。」、「もう半分も書いちゃった、すごいなあ。」とたくさん書いている子をどんどんほめていきます。それまで国語が苦手だと感じていた子も、「たくさん書く」だけなら、やる気を出せば学級で一番になることができ、学級経営的にも価値があります。

「量は質に転化する」

こうして学期を追うごとに子ども達の文章を読み解く力、書く力を上げていくのです。

二時間目

音読練習・辞書引き

本格的な読解に入る前には、音読練習を何度も行いましょう。どの子も一回読んだ（聞いた）だけで同じように内容の学習に入れるかというと、難しいと考えています。もちろんそれで学習に入っていける子はいますが、そうでない子も大勢います。どうしても差ができてしまうのです。

「まずは同じスタートラインに立たせる」

そのためには繰り返し音読を行うことが大切です。ただし、音読練習を中心に扱うとしても、それだけで四十五分授業をすると教師も子どもも疲れてしまいます。そこで、音読練習と同時に辞書引きも行いましょう。音読練習は第三章、辞書引きについては第四章に詳しく書いています。

なお、音読はこの時間でおわるのではなく、この後の時間でも授業の初めや必要なときに短時間ではあっても継続して取り組んでいくことが大事です。

「覚えるくらいまで読ませる」

そうやって言葉や言葉のリズムを体に染み込ませていくことが力になります。

三時間目

物語の概要をつかむ

物語の「あらすじ」（全体の文脈）をとらえられていない子は案外多くいます。

これをとらえられていないまま、細かく表現を読んでいくことは、狭い意味での言語活動としては「あり」だと思いますが、国語の総合力をつけるという意味では不合理だと思います。少なくとも「こんな話だろうな」とつかめていないと、その言葉や文がもつ意味を吟味しにくいですよね。

まず、大きく全体を見て（それは主題をとらえることにもつながる）、そのうえで細部を検討するという形での学習が必要なのです。

主発問・主指示

簡単に言うと、どんな話ですか？　ノートに書きましょう。

そこで、この「主発問・主指示」を出し、全体をざっと自発的に読ませるようにします。

しかし、この発問ではうまく書けない場合もあります。発問の言い換えは子どもが混乱する原因なので避けるべきですが、わからなくなるくらいなら言い換えて発問をするべきだと思います。

- 「一言で言うと、どんな話ですか？」
- 「だれがどうした、という話ですか？」
- 「一文で表すと、どんな話ですか？」

このような発問の後、ノートに書かせ教師のところに持ってこさせます。

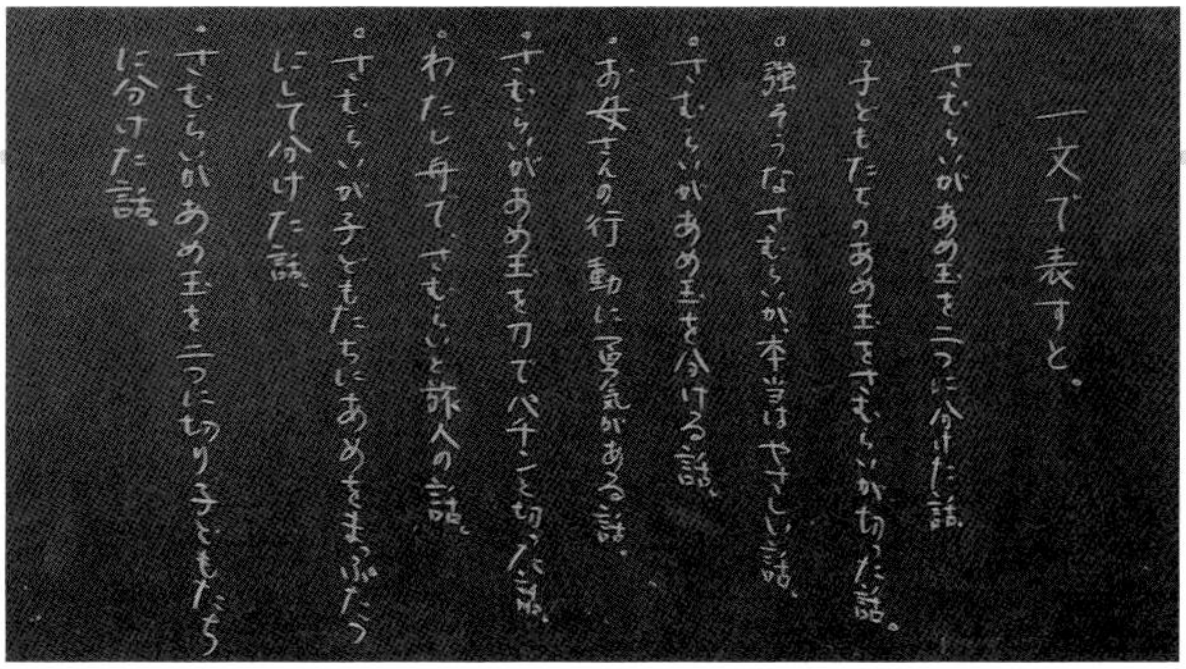

▶『あめ玉』（光村図書五年）で子ども達から出た感想。

それをいいか悪いかというような明確な評価をせず「なるほど。」、「面白い。」などと言いつつ、どの子にも同じように○をつけていきます。そして、○をつけた子には「同じ(ような)ものがなければ黒板に書いて。」と順に指示して黒板に自分の考えを書かせていきます。

その後、学級全体で黒板に書かれた内容の吟味に入っていくのです。

ただ、この時間の目標は「大まかに物語のあらすじをつかむ」です。本当に大切なのは、「いったいどんな話だろう?」と目的をもって子ども達に自ら文章全体を再読させることなのです。

もちろん何が書けているかも評価しますが、そうしようとする「過程」にも実は価値があり、主体的な学習へとつながります。

黒板に書いた子どもの考えは時間の限り「どれがいいだろう?」と吟味し、理由をつけて子ども達自身に述べさせましょう。

補助指示

特に自分がよいと思うものを三つまでノートに写しましょう。

ただ「写しなさい」ではなく、自分で選ばせることでより主体的な学習につながります。

登場人物・主人公を問う

主発問・主指示

登場人物はだれですか？　ノートに書きましょう。

この「主発問・主指示」を出して、ノートにどんどん書き出させます。これは登場人物を問うためだけでなく、しばしば間違えられる「大道具」、「小道具」、「背景」をおさえるためにも有効です。やり方は、まず子ども達が登場人物だと考えた人やものをノートに書かせていきます。そしてその後、ノートに書かせたものをその場で発表させ、教師が板書していきます。

「活動はシンプルに提示する」

人間のように書かれている動物や植物なども登場人物と考えます。すべて登場人物なら、次の「補助発問」を出しますが、そうでないものが出てきたときもまたチャンスなのです。

ここで子ども達から出てくる「登場人物以外」のものとは、「大道具」、「小道具」、「背景」などにほぼ分類することができます。それぞれ、「これは大道具と言うんだよ。」、「これは背景と言うんだよ。」と一つひとつ具体的におさえて教えていきましょう。（158ページ「国語用語集」参照）

登場人物がすべて確認できたら、次の発問を出します。

補助発問

主人公はだれですか？

物語の中心人物の心情を読み解くことで、物語文の学習は進んでいきます。ということは、「主人公」をまずは学級全体できちんと確認しておくことがとても大事になります。必須事項です。

しかし、その前に主人公の定義をして、どんな教材でも主人公を見つけることができるような「視点」をもたせることも必要になります。

「主人公とは、その人を中心に話が進んでいく人のことだよ。」という説明でわかることがほとんどなのですが、それでとらえづらい場合は「物語の中で気持ちが大きく変わる人」、「物語の中で成長する人」などという説明で、さらにわかりやすく感じる子どももいます。

活動自体はシンプルにしても、説明の方法や助言の方法は多様にもっておくことが大切です。

また、小学校の教科書教材では主人公と対役の関係性から心情の変化を読み取ることが多くなります。この活動をすることで、結果的に対役もおさえることができるので、ここで同時におさえてしまいましょう。

対役をライバルと言い換えると、子ども達にとってはさらにイメージしやすくなります。

主発問や主指示としては示していませんが、この時間の中でこの教材の「時代」や「場所」を子どもに問うておさえておくことも必要になります。

五・六時間目

主人公の心情の変化を問う①・②

主発問

主人公の気持ちが一番大きく変わったところはどこでしょう?

教科書では会話や行動を順番に抜き出し、そのうえで変化を問うという流れになっています。しかし、「主体的・対話的で深い学び」では、子どもに能動的な学習を期待しています。

順序立てて、「こうなって、こうなるから、こう」のように前から順番に考えていって学んでいく学習、つまり「順思考」(演繹的な思考)ではどうしても教師の指示にしたがって、作業を進めていく形になりがちです。しかし、より能動的な学習を期待するなら、「こうなるのはどうして?」、「一番○○なのは何?」のような「逆思考」(帰納的な思考)の学習が適していると考えます。

この「主発問」は子ども達の逆思考を生むのにピッタリで、「一番大きく変わったのはどこだろう?」と文章の最初から最後まで教師から「指示されなくても」読もうとします。さらに、さまざまな視点から検討しようとするのです。能動的に主人公の心情を行動の記述から読み取ろうとし、心情の変化の大きさをいくつかの場面で比較検討しようとします。

また、そうして自分の考えをもつとほかの人の考えを知りたくなったり、自分の考えを確かめたくなったりするものです。そうやって子ども達は能動性を発揮し始めるのです。

ここで、必要に応じてこの「補助発問」を出しましょう。

補助発問

「キーアイテム」は何ですか？

物語文には、物語を動かしたり、流れを変えたりする「キー（鍵）」となるものがあります。たとえば、光村図書の五年の『あめ玉』、『なまえつけてよ』には物語を動かす「小道具」が登場します。前者は「あめ玉」、もう一つは「『なまえつけてよ』と書かれた手紙」です。このような物語の流れを変える「小道具」のことを、私は「キーアイテム」と呼んでいます。

このキーアイテムを意識すると、子ども達は物語の流れを意識しやすくなるのです。

ちなみに、物語の流れを大きく変えるものが「人」のときは「キーパーソン」となります。ただし、往々にして小学校教材では、「キーパーソン」が物語を通して登場する「対役」であることが多く、対役の呼び名で通して、キーパーソンという言葉を教えることはほとんどありません。

ほかにも物語を読み解くために必要な知識は、必要に応じて教えていきます。

たとえば、次の三つの項目などです。

・タイトルとの関連

作品（物語文や説明文など）のタイトルは、適当につけられているわけではありません。

小学校の国語の教材に限らず、多くの小説のタイトルには少なからず作者の意図が込められています。「タイトルは何だったけ？」と問い、「タイトルには多くの情報が示されているんだよ。」と伝えることで、子ども達の読みは明確になっていきます。

・起承転結

物語の基本構造として「起承転結」を教えましょう。

小学校の国語の物語文は、基本的にこの構造で書かれているものが採用されていますが、ただ何となく文章を読んでいるだけの子は、「転」があることに気づきづらいです。

私は、文章そのもので教えるよりも、四コマ漫画をいくつか並べ、視覚的にとらえやすくして気づかせてから教えることが多いです。

・心情曲線

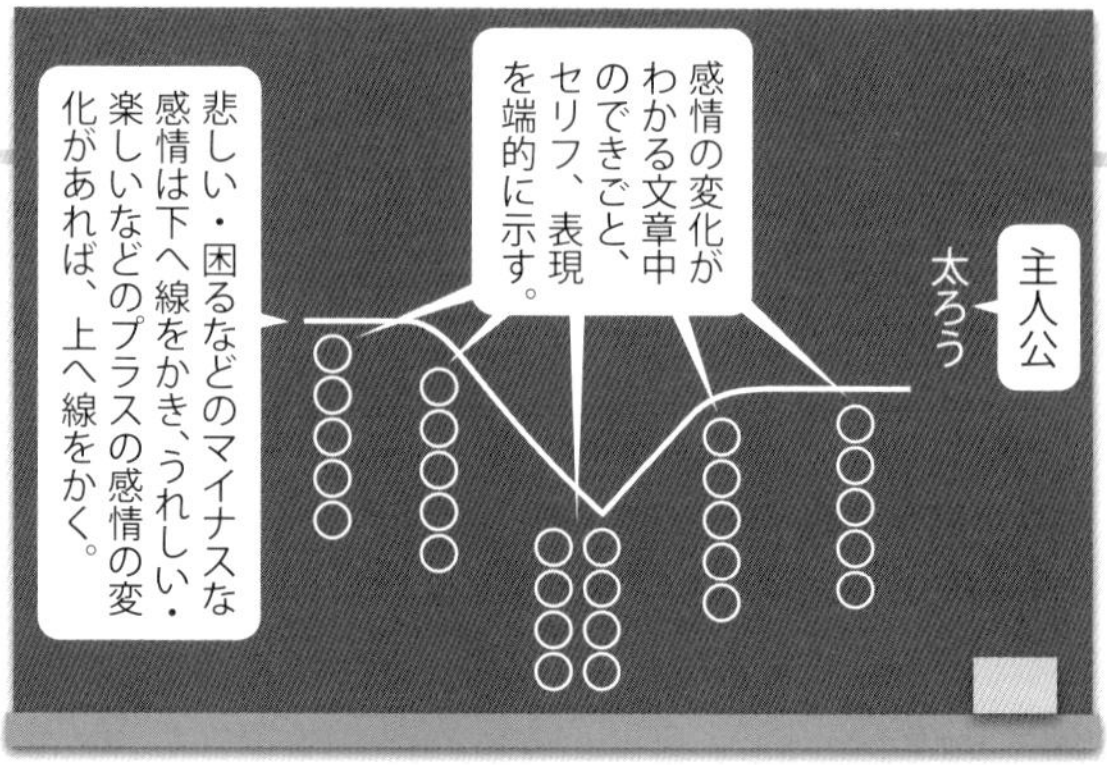

▶心情曲線を使った板書の方法。

物語を通して主人公や対役の心情は揺れ動き、変化していきます。その場面の言葉を拾い集めながら、図のようにして心情曲線として表していきます。

さて、この「心情の変化を問う」学習で大切なのは、正しい答えを出すことなのでしょうか。

「主体的・対話的で深い学び」でも、もちろん答えを出すことは大切です。ですが、その学びの途中こそ、より評価されるべきなのです。途中で「どのような視点で、どのように読み、どのように自分の考えを出し、どのように人の考えを聞いて自分の考えを変化させたのか」、そのような

「学びの途中」こそ評価していくのです。

また、「主体的・対話的で深い学び」で求められているのは「資質・能力の向上」です。何を知っているか、何がわかっているかはもちろん大切ですが、学びの中でどんなことができるようになったかの方が重要なのです。年間を通してそのような学びの姿勢で力をつけていくことで、答えが「結果的に」わかったり、知ったりすることが得意になっていくということをねらっていくのです。もちろん、知識自体や読み取りのための視点も必要です。それは教師から提示しましょう。「魚」を捕るためには「網」や「釣り竿」が必要であり、それを使うための「方法」を教える必要もあります。

しかし、実際に魚を捕る（知識・理解）のは、子ども達です。それを忘れてはいけません。

さて、単元の中のこの学習活動の時間では、特に「話し合い」について色濃く志向し、指導していきたいと思います。

私が行っている話し合い（討論）に向けての順序や方法を簡単な一例として表に示します。

①「主人公の気持ちが一番大きく変わったところはどこでしょう？」と問う。
②教科書に印をつけさせる。
③ノートに選んだところとその理由を書かせる。
④クラス全体にどこを選んだかを問い、黒板に書く。（30ページ上部に板書例）
⑤自分がどこを選んだか手を挙げさせ、同じ考えの人を周りを見て確認させる。

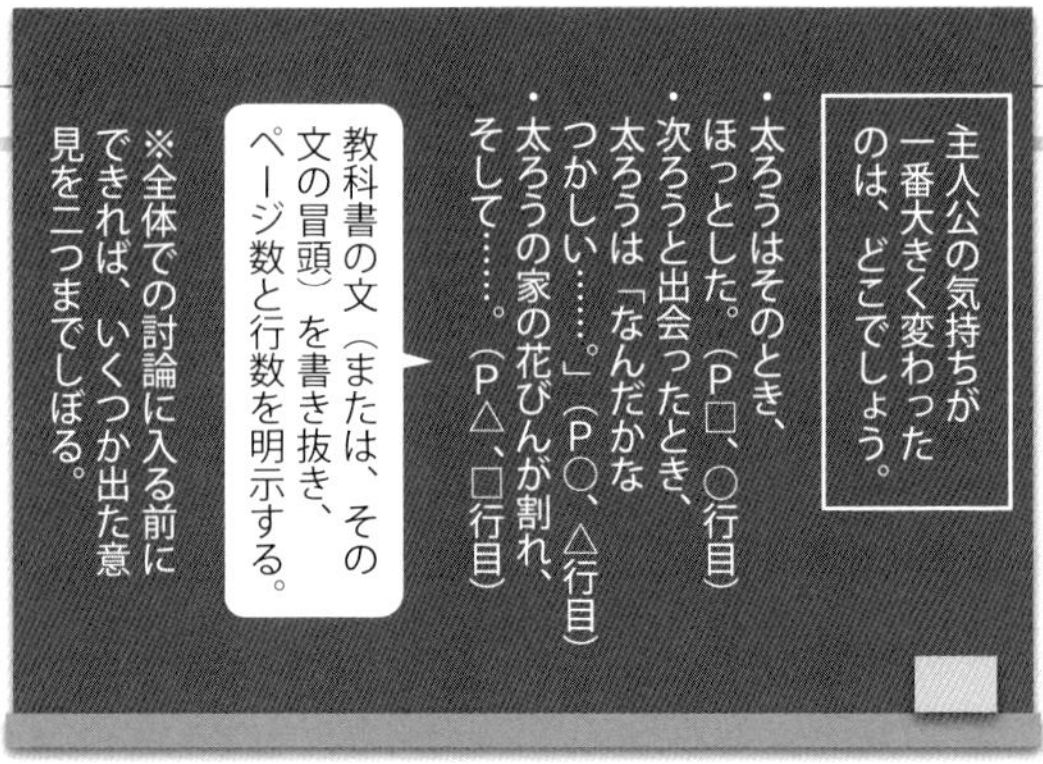
主人公の気持ちが一番大きく変わったのは、どこでしょう。
・太ろうはそのとき、ほっとした。（P□、○行目）
・次ろうと出会ったとき、太ろうは「なんだかなつかしい……。」（P○、△行目）
・太ろうの家の花びんが割れ、そして……。（P△、□行目）
教科書の文（または、その文の冒頭）を書き抜き、ページ数と行数を明示する。
※全体での討論に入る前にできれば、いくつか出た意見を二つまでしぼる。

▶子ども達のあげた文章を抜き出して板書し、討論する。

⑥同じ考えの人同士で話し合いをさせる。
途中で考えが変わることもよいことだと伝え、実際に変わった子はほめる。

⑦全体での話し合いをする。
座席は中心に向けて子ども同士での話し合いをする雰囲気をつくる方法もあるし、教師が中心となって、子どもの発言をある程度コントロールしながら進めていく方法もある。

⑧必要に応じて、教師の解を述べる。

⑨自分の解や考えたこと、さらに疑問に思ったことなどをノートに書かせる。

⑩時間があればそれを読み合う。

七時間目

その教材のより具体的な、あるいは特徴的な内容を学習する

パターン化することで授業の流れがシンプルになります。教師は準備が楽になった分、子ども達の気づきに応えられるように教材研究・素材研究に力を注ぐことができます。

ここまで示した「パターン」だけでも、価値がある学びとなります。ですが、より「国語」としての力を深く幅広くつけていくために「その教材のより具体的な、あるいは特徴的な内容の学習」を大切にしていき、そのようなパターンの外の「重要なオプション」を授業化していきましょう。

今までのパターンに沿って授業をしていく中で、自然と学習ができる内容もあるのですが、「具体的」で、「特徴的」な内容を授業の中で扱っていくという意識が教師には必要なことです。

①　そのオノマトペが何を表しているか。
②　音や台詞を音読する。
③　登場人物の人柄がわかる行動や会話などを抜き出す。
④　情景から心情を想像する。
⑤　場面の違いを比較する。

たとえば、このような学習事項を子ども達が興味をもてるように提示できるとよいでしょう。

「場面の様子や気持ちを考えながら、登場人物になったつもりで読む」という活動を私は次のように提示しています。

「『だれが一番○○さん（登場人物の名前）のように音読できるか選手権』を開催します！」

このように、同じ内容を学習するにしても、教師の遊び心にあふれた提示の仕方で子ども達の意欲の高まりは異なってきます。

特に物語文ではパターンから外れたオプションも非常に重要です。

それは「心情をより豊かにしていく」ものであったり、「想像を広げる」ものであったり、「言葉の感覚」をより敏感にしたり、広げたり、深めたりするものであったりしていくものです。

そのような学習内容も授業の中に全体の流れを考えながら入れ込んで、計画を立てましょう。

八時間目

最後の感想を書く・伝え合う

主指示

最後の感想を書きましょう。

友達のノートを読んで感想を伝えましょう。


これもとても大切な活動なのですが、時間がないときは、教材ごとの最後に行うテストがおわった子どもからノートに書かせて提出させていくこともあります。特に年度当初は必要な知識を教える必要もあり、子ども達の読み取りにも時間がかかります。時間通りにいかないことも、多々あると思います。

もちろん教師が一方向的に教え込む授業であれば、決めた時間通りにほぼ進められます。ですが、「深い学び」に到達するような授業をするために、子ども達に主導権を預け、ある意味這いずり回るような試行錯誤の時間を子ども達に与えようとすると、ものすごく時間がかかるのです。

また、たとえ大切な時間を使って書かせた「最後の感想」でも、その後のよいモデルになるようなものが出てくるとも限りません。ただ、私は内容の「質」に関しては、後回しでも大丈夫かなと考えています。それよりも、次のようなことに留意して共有することが大事です

①　とりあえず短くても書く時間は確保する。

②　子どもの書いたものから、参考になりそうなものを教師が時間を見つけて紹介する。

しかし、先述したように年間を通してそれが変わらないわけではなく、学年がおわる頃には読み取る力がついて、最初の感想の中に教材を通して何時間も学習するはずの内容が、いくつも反映されて出てきます。学習する内容の多くが、最初の一読でおわってしまっているということなのです。そうなってくると、この最後の時間に到達するまでの時間が短くなり時間の余裕が出てくるので、この活動にゆっくりと時間をかけることができるようになります。

私は読み取りの甘い感想をシェアすること、それを何かで表現する活動などに時間をとることはあまり意味がないように考えています。その時間をとるなら、しっかり時間をとって試行錯誤させながら読み込ませ、子ども達同士で話し合わせていく時間の方がよっぽど有効だと思います。

大切なのは、「読み取る力をつけること」、「それを伝え合う力をつけること」、そして、「伝え合うことによって、よりよいものをつくり上げようとする力をつけること」なのです。

コラム①

パターン化実践例1（光村図書五年）4時間・6時間目安

『あめ玉』・『なまえつけてよ』

年度当初に行うこの二つの教材は、共通した発問・指示でパターン化授業を行うことができます。

また、ここではあえて時間ではなく、数字で授業の構成を表しています。年度当初は特に決めた時間数より長くなりがちです。まずは、子ども達を国語の授業に慣れさせましょう。

①子どもの理解度をはかる　～範読・初発の感想～

②音読練習・辞書引き

③主発問「一言で言うと、どんな話ですか？」

この時点では子ども達の出したものに対して、明確にこれがよいと規定しません。子どもの意見を板書し、「自分がいいなと思うものを選びましょう。」という指示にとどめておきます。

④主発問「登場人物はだれですか？」

⑤主発問「主人公はだれですか？」

⑥主発問「対役はだれですか？」

④～⑥はセットで考えるとよいでしょう。主人公は物語の中心であると同時に主人公は主に物語の中で心情が大きく変化していきます。つまり、心情が途中で変化する人を「主人公」、そしてその変化に大きく関わる人が「対役」ととらえると、物語全体のしくみも理解しやすくなります。

⑦主発問「主人公の心情が変わったのはどこですか？」

この発問で子ども達に話し合いをさせますが、次の⑧や⑨の発問をしておくことで、心情が変わったととらえるべき場面を明確に規定しましょう。

⑧主発問「『キーアイテム』は何ですか？」

『あめ玉』では「あめ玉」、『なまえつけてよ』では「手紙」です。

⑨主発問「タイトルは何ですか？」

『なまえつけてよ』ではタイトルがひらがなであることに注目させます。なぜなら、それまでの文章では漢字まじりの表記なのに、キーアイテムの手紙にはひらがな表記で書いてあるからです。そこで、タイトルが文章全体に重要な意味をもつことを確認することができるのです。

どの学年でも年度当初に行う授業では、その後の物語文の授業のベースになるように意識してつくりましょう。

パターン化実践例2

『ごんぎつね』

（光村図書四年）　10時間目安

①子どもの理解度をはかる　～範読・初発の感想～

②音読練習・辞書引き

③主発問「一言で言うと、どんな話ですか？」

④主発問「登場人物はだれですか？」

この教材ではたくさんの登場人物を抜き出すことができます。そこで同時に用語の定義もおさえましょう。

「台詞や動きがあるものが登場人物です。また、劇で役となりうるものもそうです。」

こう定義して、「背景」（群衆・モブ）として登場している人物もたくさんいることを伝えましょう。

⑤主発問「ごんは何歳くらいですか？」

この発問で意見を集めるうちに、ごんの言葉づかいや行動力から、それほど幼くないということがわかってくるはずです。また、「小ぎつね」を「子ぎつね」と誤読している子がいることに気づくと思います。そこで、この補助発問です。

補助発問①「ごんに年が一番近い登場人物はだれですか？」

この物語の中に出てくる登場人物では、兵十だけになります。すると、ごんと兵十の二人が並び立ちます。

補助発問②「では、兵十とごんの共通点は何ですか？」

こう問うことで、「ひとりぼっち！」という答えが明快に子ども達から返ってくるはずです。

⑥主発問「一場面目のごんは、どんなきつねですか？」

補助発問「この中から、ごんを表すのに大切な二つを選ぶとしたらどれですか？」

主発問で出た意見を補助発問でしぼっていくことで、ごんの人物像を明らかにしていきましょう。以前授業をしたときには、子ども達から主に次の三つの意見が出ました。

・「小ぎつね」・「ひとりぼっち」・「いたずら好き」

ただ、⑤で確認していても「小ぎつね」を「子ぎつね」と読み違えている子がまだいるはずです。

そこで板書を交えながら子ども達とやりとりをします。

教師「『小』の反対は？」　子「大！」

教師「『子』の反対は？」　子「大人！」

このやりとりで、本文では決して子どものきつねと書いているわけではないことに、もう一度気づかせていくのです。

さらに、補助発問で二つにしぼるために次の質問をします。

（→次ページに続く）

「逆に考えてみよう。『大ぎつねのごん』、『仲間がたくさんいるごん』、『いたずらをまったくしないごん』。この三つのうち、どのごんだと話が成り立ちにくい？」

そう考えると『大ぎつねのごん』でも話は成り立ちそうですが、『仲間がたくさんいるごん』や『いたずらをまったくしないごん』では、話が成立しなさそうなことに気づきます。

これで、ごんは「ひとりぼっち」で「いたずら好き」のきつねである、という大事なことが確認できます。

⑦主発問「なぜごんはこんなにいたずらをしたのでしょうか？」

答えは「ひとりぼっちだったから」に尽きると考えます。学習する四年生という子ども達の発達段階から考えても、非常に共感しやすい理屈です。

しかし、私が授業をした中で、ある子がつぶきました。

「ごんのひとりぼっちと、兵十のひとりぼっちは違う。」

そこで、次のような補助発問をしました。

補助発問①「では、二人の違いは何でしょうか？」

すると、それまでにしっかりと教科書を読み込んでいた子ども達は、軽々と二人の違いを見つけていきます。

「兵十と違って、ごんにはずっと親がいなかった。」

「兵十と違って、ごんには友達がいない。」

「兵十と違って、ごんは本当にひとりぼっち。」

ごんは本当に寂しかったのです。だから同じ境遇になった（と勘違いした）兵十に対して親近感（シンパシー）を抱き、兵十に近寄っていったことに子ども達は気づきます。

補助発問②「兵十とごんはお互いに仲良くなりたいと思っていましたか？」

考え込んでいる子ども達に、次の図を見せて説明することにしました。

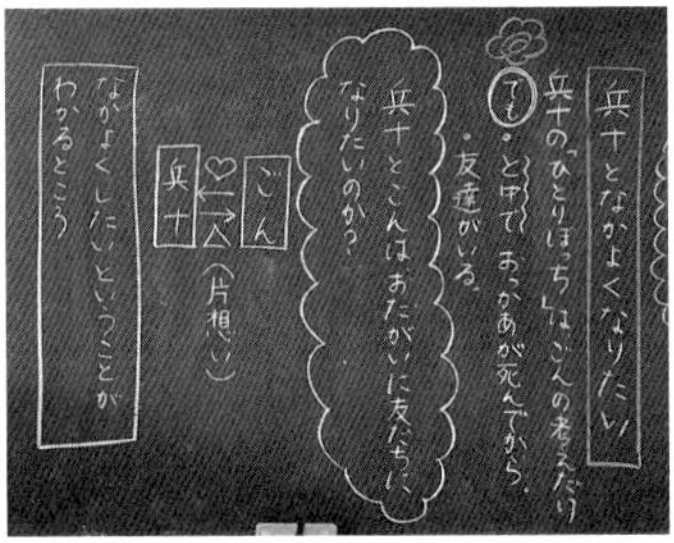

「この話は片想いの話だと先生は考えます。兵十は、ごんが友達になりたいと思っているなど、最後の最後まで知りません。しかし、ごんは『同じひとりぼっち』の兵十のために、いろいろなことを考え、いろいろなことをします。命までかけて。」

⑧主指示「ごんが仲良くなろうとして、兵十にしたことを書き出しましょう。」

補助発問①「ごんが『つぐない』でしたことは何ですか？」

実はごんが兵十に対してしたことは「つぐない」という側面

と、「仲良くなりたい」という側面の両方をもっています。

この補助発問で、子ども達にごんが単につぐないをしたいだけのために兵十に近づいたわけではないことに気づかせます。

補助発問②「ごんが単純に『仲良くなりたくて』したことは何ですか？」

この補助発問で、さらに孤独なごんが兵十と仲良くなりたいことが切ないほどに描かれている記述に、子ども達を出合わせることができます。

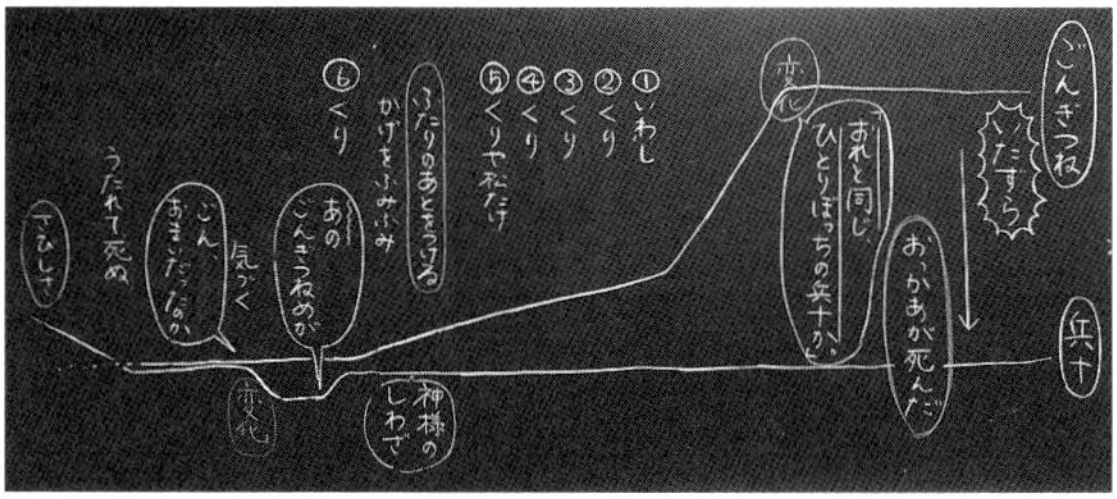

⑨主発問「兵十とごんは友達になれたのか？」

この時間で「なれた」、「なれなかった」に分かれて、討論を行います。私の学級では、「なれた」の意見に賛同する子どもが多かったので、次の発問を行いました。

補助発問「兵十がごんを友達のように思えたのはいつですか？」

子ども達の意見が出尽くした後、ごんと兵十の関係を「心情曲線」で表しながら黒板に整理しました。（線と線の距離が、二人の心の距離です）

⑩主発問「ごんは幸せだったのか？」

さらに、この発問で討論を行い、その途中で次のようにつぶきました。

「死んだのに、幸せだったんだ。」

この言葉を途中でつぶやくことで、さらに子ども達の考えを深めながら討論を進めていくことができます。

本教材では「物語文のパターン化」の中の「主人公の気持ちが一番大きく変わったところはどこでしょう？」の発問を細かくスモールステップにしたものです。もちろん、そのままの発問でも授業は成立すると思いますが、よりていねいに読ませたかったので、段階を踏んだ構成を考えました。

また、ここではオプションの心情曲線も使い、さらに登場人物の気持ちに迫ることを考えました。

本時では授業全体を通して「書かせる」ことを重視し、その書かせた内容を活かせるように授業を組み立てました。

授業に正解はありません。それぞれの考える「気づかせたいところ」、「つけたい力」などで変わってくるのです。

授業のパターン化❷

説明文の授業パターン

一時間目　子どもの理解度をはかる　～範読・初発の感想を書く～
「最初の感想を書きましょう。」

二時間目　音読練習・辞書引き・段落の確認

三時間目　文章の概要をつかむ「簡単に言うと、何が言いたい文章ですか?」

四時間目　文章の構造を明らかにする①
「問いの文はどれですか?」「答えの文（段落）はどれですか?」

五時間目　文章の構造を明らかにする②
「この文章は三つに分けることができます。最初はどこで分かれますか?印をつけましょう。」

六時間目　文章の要旨をつかむ①
「この文章で、筆者が一番伝えたいことが書いてあるのはどこですか?」

七時間目　その教材のより具体的な、あるいは特徴的な内容を学習する
自分の考えをもつ「この筆者の考えについて、自分の意見を書きましょう。」

八時間目　考えを共有する　「友達の感想を読んで、その感想を書きましょう。」

一時間目

子どもの理解度をはかる

～範読・初発の感想を書く～

主指示

最初の感想を書きましょう。

説明文でも物語文と同じように範読と初発の感想から学習をスタートさせます。
ただ、物語文と求めるものが違うので、次の補助指示は次のように変化させます。

補助指示

わかったこと、考えたこと、知っていたこと、わからなかったことを書きましょう。

物語文と違って、あまり感情をクローズアップさせない提示に変えます。
もちろん、説明文でも感動はあります。それは否定しませんが、意図としては「文章を構造的に正確に読ませること」、「それをもとにして自分の考えをもつこと」が第一義なので、その指示も形を変えるのです。
このような小さな変更も、思いつきではなく、教師の明確な意図をもって行うものです。

二時間目

音読練習・辞書引き・段落の確認

二時間目も物語文と同様に音読練習と辞書引きをメインにしますが、ここであわせて行っておくのが、形式段落（小段落）の確認です。板書で例示もしながらに文章中の一文字下がっている行頭に、数字を書かせていきます。このとき、形式段落と小段落という言葉も同時におさえましょう。

また、段落には「形式段落（小段落）」と「大段落」の二つがあり、「大段落」は説明文では「意味段落」、物語文では「場面段落」と呼ぶ場合もあります。そのような「国語用語」を教えることも必要になるのです。

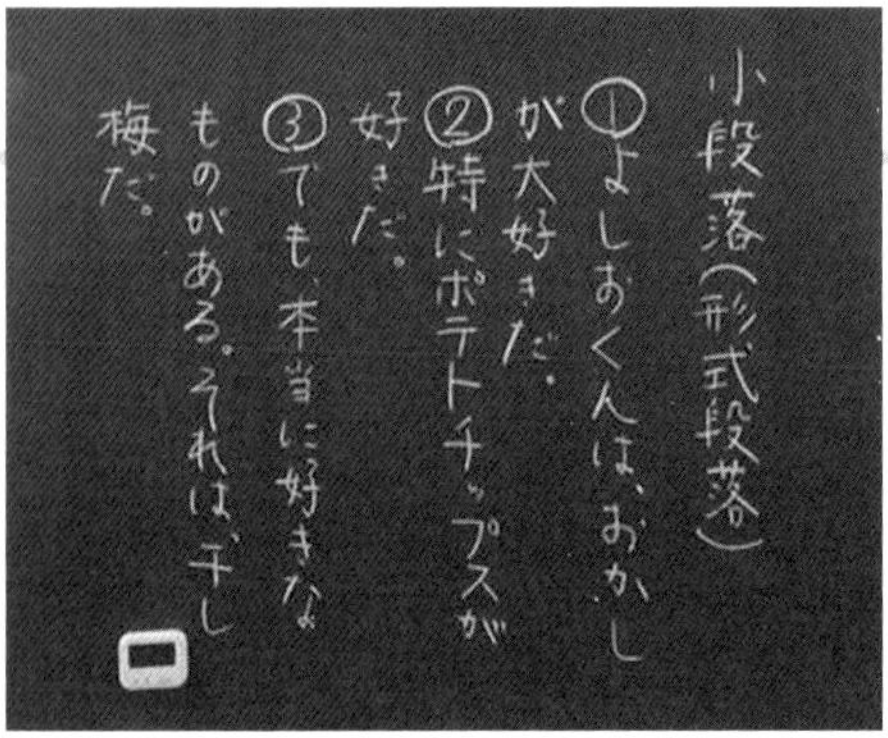

▶例文に形式段落の印をつけた板書。

書かせた後は「形式段落は全部でいくつありますか？」と問います。

説明文は「文章の構造」をつかませて、理解させることを中心に考えていきます。それをもとに筆者が言いたいことを正確にとらえていくのです。その際に、子ども達の説明の足がかりとなるのが、形式段落の番号です。説明文の場合、これを書かせることで初めて準備が整い、学習内容に入っていけると考えていただいて結構です。

物語文ではあえて形式段落のことには触れませんでしたが、必ずしも物語文では必要ではないからです。もちろん、教材によっては物語文でも段落を書くことが必要があると考えれば書かせます。

三時間目

文章の概要をつかむ

主発問・指示

簡単に言うと、何が言いたい文章ですか？

物語文と同様に、まず文章の概要をとらえさせ、それを子ども達に板書させて吟味します。ただ、最初から筆者の主張をずばりつかんでしまうこともあります。その場合は、後の学習を進めやすくなることもあれば、その逆もあるので、この時点で一つにしぼるかはよく考えた方がよいです。子ども達の様子と学習内容を照らし合わせ、あまり意味がなさそうであればこの活動を飛ばすことも含めて、単元計画を行いましょう。

四時間目

文章の構造を明らかにする①

主発問

問いの文はどれですか？　答えの文（段落）はどれですか？

三年生くらいから「問いの文」と「答えの文」あるいは「答えの段落」をつかみ、文章の基本的な構造をつかむという学習が始まります。「問いの文」が文章全体を貫く「課題の提示」、そしてその「結論」が「答えの文」に書かれていて、それを詳しく説明するために例示や説明がその間にある、という形の文章構造です。特に中学年教材では、答えの文や段落に筆者の主張が含まれていることが多く、「問いに対する答えの文」を見つけることが、そのまま「筆者の主張」を見つけることになることもよくあります。

説明文の文章の基本構造は、「初め」「中」「終わり」になっています。その基本構造をつかむ入り口として「問いの文」と「答えの文」を見つける活動があります。「文」として見つけることがまだ難しい場合は、それよりもまとまりの大きい「問いの段落」、「答えの段落」を見つける活動を行いましょう。文を見つける場合は「～線を引きましょう。」、段落を見つける場合には「段落番号をノートに書きましょう。」のように、具体的な活動につながる指示を出します。

しかし、高学年では教材によって「問い」がいくつもあって子ども達が混乱すると思うときは、この主発問は行わない方がよい場合や、後に回した方がよい場合もあります。その場合はこの時間は飛ばして、五時間目から始めた方がスムーズに学習に入れるでしょう。高学年教材の場合は、「問いの文」＝「課題提示」、「答えの文」＝「まとめ」とは限らないからです。

また、高学年教材では答えの文が必ずしもまとめとならず、問いの文に対しての答えの段落の後に、筆者の主張として「まとめ」が入ることもあります。ワンパターンではないのです。

ですが、説明文ではこのような「問いの文」に対して「答えの文」が存在することが多いということを「体験しながら理解しておくこと」、「そのような視点をもつこと」自体は、文章を構造的に読んでいくうえで、身につけるべき非常に重要な技能だと考えます。

五時間目

文章の構造を明らかにする②

主発問・主指示

この文章は三つに分けることができます。最初はどこで分かれますか？印をつけましょう。

説明文には教科書にも繰り返し示されている「初め・中・終わり」の基本構造があります。また、物語文でも「起承転結」（作品によっては「初め・中・終わり」）という基本構造があります。「初め・中・終わり」は、教科書ではおおむね次のように定義されています。

初め……………課題提示（最初の筆者の主張）
中………………課題提示を受けての説明・例示
終わり…………結論、筆者の主張

前の時間までに形式段落に印をつけさせることで、どこで文章を分けるかが明確になり、子ども達の中に疑問が生まれます。

そのうえで、自分の考えの根拠を文章中から探させ、それを子ども同士で話し合わせることで、解を求めていくようにします。ペアトークや、班での相談、全体での話し合いや討論などの方法が考えられます。

より主体的な学びを志向し、子ども達が自分達で三つに分けることができるようなら、先ほどの定義は活動の途中や結論を導き出した後に提示してもよいでしょう。

ここでは「なぜそこで分けるのか？」という理由がいくつも出ることを期待しています。

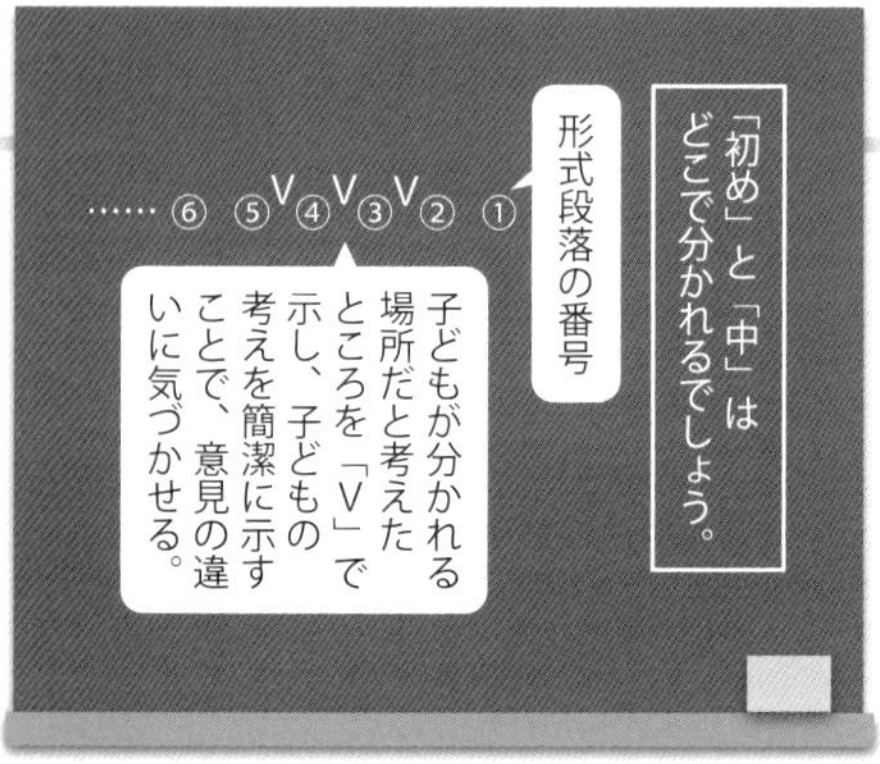
「初め」と「中」はどこで分かれるでしょう。
形式段落の番号
① ② V ③ V ④ V ⑤ ⑥ ……
子どもが分かれる場所だと考えたところを「V」で示し、子どもの考えを簡潔に示すことで、意見の違いに気づかせる。
▶子ども達のあげた段落と段落の間に印をつけて板書し、討論する。

本来なら、初めから「初め・中・終わり」の三つに分ける指示でもよいのですが、あえて最初の部分だけを問います。途中で文章全体との関係に気づいた子どもが、自ら「終わり」との関係をも発見することを期待するからです。

そう、「主体的・対話的で深い学び」は、最初に教師が説明して、その教師の意図を探りながら行う学習というよりも、教師が簡単に示した発問や指示に応じて、子どもが広く深く学び、試行錯誤しながら出した結論を教師がプロセスも含めてできるだけ肯定的に評価するという性格をもっているのです。

ただし、「後から出して、子ども達が納得できる解」を教師はあらかじめ準備しておかなければなりません。
簡単に言えば必ず勝つことを求められる「後出しじゃんけん」のようなものなのです。

補助発問

「中」はいくつに分かれますか？

「中」をいくつかに分けることも、説明文の構造をつかむうえでとても大切です。「中」は通常「例示や説明」であることが多いのですが、その場合いくつもの例示がその中で示されていることがあります。「まず」、「つぎに」などの接続詞に注目させることで、それらが見つけやすくなります。

六時間目

文章の要旨をつかむ①

主発問

この文章で、筆者が一番伝えたいことが書いてあるのはどこ（何段落）ですか？

前時に「初め・中・終わり」を学習したことを受けて、子ども達に問います。

「結局何が伝えたいのか？」それが、説明文の「幹」です。しかしながら、子ども達によっては「枝葉」である「例示」や「説明」に気をとられ、筆者が本当に伝えたいことをとらえられていない場合があります。

そこで、この「主発問」で問うのです。

もちろん、小学校での教材に示されているような文章の場合は、まず間違いなく「終わり」に筆者の主張が示されています。

また、「初め」で筆者の主張が一度提示され、「終わり」で繰り返しそれが提示される、という形式の文章もあります。

ただ、ここでこう問うことで、子ども達の中でそれを考える思考のスイッチが入るのです。

「主体的・対話的で深い学び」へ向かう問いは、必ずしも直接的ではありません。

「筆者が何を伝えたいのか？」と直接問うのではなく、「どこに書いてあるのか？」と問うことで「結果的」に「そもそも筆者が伝えたいことは何か？」という子ども達の問いに対する課題意識と、思考の揺れを喚起するのです。

ただし、子ども達の学びの様子や特性に応じて、次の補助発問が必要な場合もあります。

補助発問

筆者が「本当に」伝えたいことは何だろう？

「本当に」と問うことで、いくつも選択肢がある中で優先順位をつけることになり、より「幹」の部分へ到達することが容易になります。

ただし、この補助発問を出すときは、まだ子ども達に説明文の読み方や文脈をとらえる力が育っていないから出さざるを得ないものだ、ということを教師は理解しておかなければなりません。

実はこの項目で示した主発問は、五時間目の「初め・中・終わり」を分ける前に行うこともできます。

最も伝えたいことがはっきりすることで、より「初め」と「終わり」の部分が具体的かつ鮮明になってくるのです。

また、「初め・中・終わり」に分けづらい文章の場合にも、五時間目の活動をせずにこの主発問から始めた方が、子ども達は文章の構造が理解しやすいように思います。

七時間目　その教材のより具体的な、あるいは特徴的な内容を学習する

説明文では、文章を構造から内容をとらえさせるだけでなく、別の視点からとらえさせるために、物語文の七時間目と同様にその教材の具体的な、あるいは特徴的な内容を学習するための活動が示されています。「説明文」の中の「事実」や「例示」をより明確にする文章表現に触れさせ、筆者の示した事実や主張に対して「自分の考えをもつ」ために次のような活動をするのです。

○「問い」から「答え」までの説明を、具体的な言葉や部分をもとにして探し出す活動
○写真を説明している段落を見つける活動
○自分達の生活とくらべる活動

たとえば、「生き物は円柱形」（光村図書五年）では、「円柱形だと、どんないいことがあるのだろう。」という問いに対し、「筆者がどんなよさとして答えているのだろう。」それを、「どのような例を挙げて説明しているのだろう。」などと考えさせる活用です。

説明文のオプションは、「基本構造の把握」の延長線上のものであったり、説明文を解き明かすために必要な記述の仕方であったりします。なので、単元全体の流れを意識しながらうまく単元計画の中に入れるという意識をもつことで、子ども達の思考もよりスムーズになっていきます。

何よりも「的確で明確な内容の理解のうえに、それぞれの考えをもたせること」をねらっている場合が多いと言えます。

そう考えると、次項に示した「自分の考えをもつ」という活動は大切に扱うべきだと考えます。

八時間目
自分の考えをもつ・シェアする・さらに自分の考えを深める

主指示①

この筆者の考えについて、自分の意見を書きましょう。

説明文では、筆者の考えをもとに「あなたはどのような考えをもつか？」という問いでおわることが多いです。もちろん筆者は自分の主張に確信をもちながらも、しかしそのうえで、読者がどのように考えるかということを多くの場合期待して書かれています。それが、読者への「問いかけ」の文（あるいは文章）として表されています。

そこで、この「主指示」を出して自分の考えを子ども達に書かせるのです。

まず、同意か反論かの結論を書いてその根拠を示させます。結論を書くという形を示すことで「初め・中・終わり」という文章構成となります。

自分の意見を書かせるための時間はできるだけたくさん確保したいところですが、授業時間は限られています。時間に余裕がなければ、テスト時間に提出した子から書かせてもよいでしょう。

もし、この主指示で「自分の考えを書く」のが難しければ、「わかったこと・考えたこと・思ったことを書きましょう。」という指示に変えてもよいです。自分の意見・感想を書かせることで、子ども達の理解度がわかり、また教師自身の指導のふり返りに活かすこともできます。

そうやって表出した「自分の考え」をお互いにシェアすることも大事なことで、シェアされた「考え」を触媒として、さらに自分の考えを磨いていくサイクルもまた、大切にしたいものです。

次に示すのが、「シェアする」、「さらに自分の考えを深める」ための「主指示」です。

主指示②

友達の意見を読んで、その感想を書きましょう。

感想を「シェアする」ときは、班ごとの時間を決めて感想を回す方法や、机の上に置いて、自由に子どもが見て回る方法をとってもよいです。そのうえで、時間があればもう一度自分の感想・考えを書かせましょう。シェアしたことをそのままにしないことで、学びはさらに深まります。

「シェア」の時間がなければ、子どもの書いたものからいくつか教師がピックアップして紹介するだけでも、子ども達の刺激になります。

ここからは、基本パターンの四〜六時間目のいくつかのユニットに代替したり、さらにつけ加えたりできるユニットを紹介します。

ユニット① 書かれてある内容を簡単に整理する

主発問

キーワードは何ですか？

教材の中には、「問いの文・答えの文」、あるいは「初め・中・終わり」がはっきりしないものがあります。そういった教材の場合には、この「主発問」が非常に効果的にはたらきます。

通常、文章の中には「この一言が大切」という言葉が存在しているものです。この発問は文章全体に対してでも問うことができますし、段落ごとや例示ごとに問うこともできます。

類似の発問に**「この段落にタイトルをつけるとしたら？」**というものがあります。

この場合は、より小さい文章単位である「意味段落」や「形式段落」で問うのです。「タイトルをつけるとしたら？」と問うことが、結果的にキーワードを見つけることにつながります。

タイトルという言葉をつかうことで、キーワード以上にその文章の中で何が言いたいのかをよりはっきりさせるという効果があります。この二つの「主発問」での問いは「初め・中・終わり」を分けるための根拠となったり、例示をより具体的にしたりするはたらきをします。

次のような文章を一つの段落の文章例として説明してみます。

> 私が最も重要だと考えるのは、地域の活性化である。その活性化の基礎となるのが、日常的な関わりやふれあいであると私は考えている。
> 地域の活性化の中で特に問題となるのは何であろうか。
> それは、現在の社会全体の多忙化であろう。
> 地元に住んでいながら、地元に「いない」人達の存在の多さである。

この文章の場合は「地域の活性化」がまずキーワードとして挙がるでしょう。もしタイトルをつけるとすれば、「地域の活性化の問題点」などでしょうか。

このようにキーワードを見つけることで、そのキーワードに沿って構造的に読んでいくことが容易になります。キーワードの特徴は、

「繰り返されていること」

繰り返し出てくる言葉は、筆者がその文章や部分で最も伝えたいことであることが多いのです。

もちろん、後述する「要約をする」際にも、この学習活動は役に立ちます。子ども達に「大切な言葉は繰り返されているんだよ。」と伝えることは、思考の足がかりとなり、ずっと役に立ちます。

この考え方は「物語文」でも役に立ちますし、それ以上に「詩文」の学習にも転移します。

ユニット②

文章の構造を整理する

主発問

文章の構造図を書きましょう。

説明文は構造化し、視覚的に示すことでよりその組み立て方を理解することができます。筆者の伝えたいことが理解しやすくなるのです。

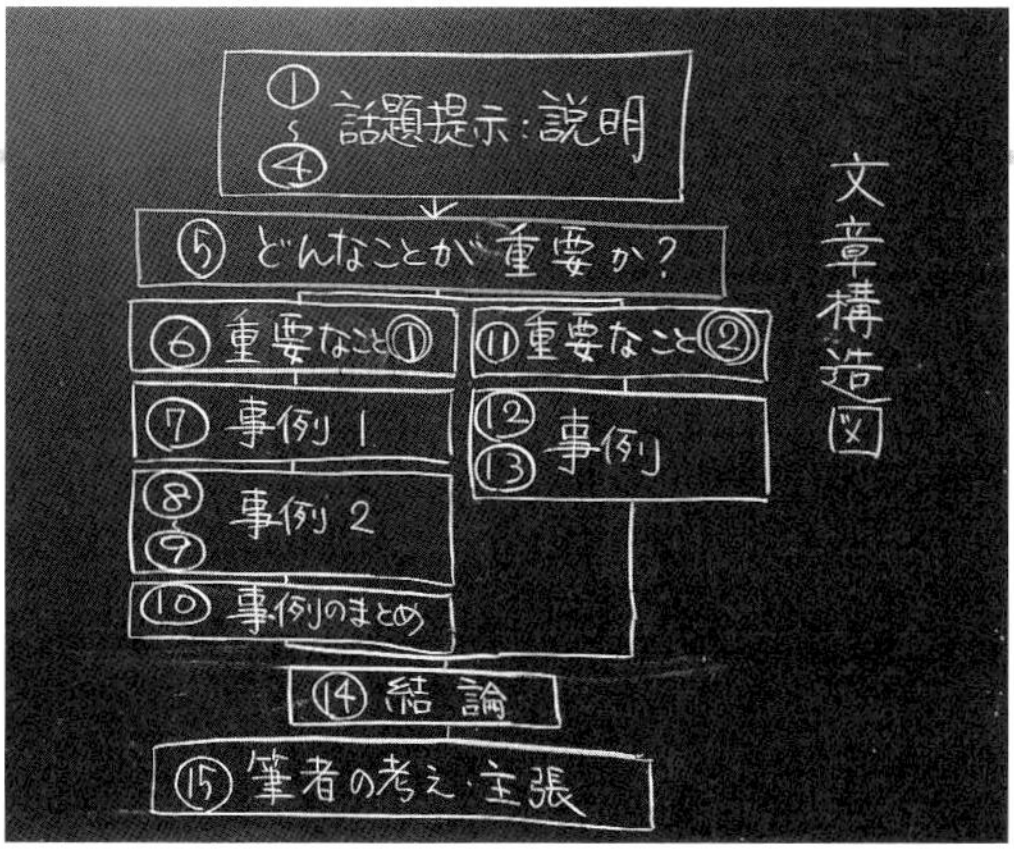

▶構造図の板書の例。

逆に言えば、筆者は書く際にそのような構造をあらかじめ簡単に（あるいはより詳細に）書いておき、それをもとに構造的に書いていることが多いのです。

ただし、いきなり子ども達に構造図を書かせるというのはいささかハードルが高いでしょう。

そこで、「初め・中・終わり」や、説明や例示の内容が書いてある段落をある程度理解したうえで、子ども達に次のように教師が問いかけながら、子どもの言ったことを教師が板書に書いていくのです。


「課題提示はどこに書いてありましたか？」

「『初め』は何段落から何段落ですか？」

「じゃあ『終わり』は？」

「『中』の項目はいくつに分かれていますか？」

「その例示は、順番に進んでいますか？　並べて書かれていますか？」

「『中』のまとめはありませんか？」

「それは『終わり』とどのようにつながっていますか？」


このように問いながら、「じゃあ、こういう風になっていますね。」と黒板にその答えを書いてしまうのです。

このやり方に慣れてきたら、前述したようなことをすべてではなく、いくつかだけ確認して書かせることや、単元の早い段階でいきなり書かせ、それを全体で吟味するというやり方も考えられるでしょう。

なお、構造図を書くと言ってもそれほど難しく考えなくても大丈夫です。教科書のまとめのページや指導書には、すでに示されていることが多いからです。

もちろん、構造図にもいろいろな書き方がありますが、まずは、それを参考にして、自分がわかりやすい形で示すことから始めましょう。

そのうえで、授業者自身の引き出しを増やせるように、さらに学んでいくとよいと思います。

ユニット③

文章の要旨をつかむ②

主発問・主指示

この文章で筆者が一番伝えたいことが書いてあるのはどの文ですか?

この文章だと考えるところに、線を引きましょう。


「主発問」の後に、この「主指示」を行います。

高学年教材の場合、二つか三つの指示語を介して「筆者の伝えたいこと」が書かれている場合もありますが、それでも一つにしぼらせて考えさせます。

そのうえで、子ども達の意見を黒板に書いていき、その内容について話し合わせるのです。

もちろん、この話し合いの際にも「どこに何が書いてあるから、こう考える」というだれもが見つけることができる「根拠」が必要となります。

そのためにも話し合いをする前に、自分のノートに「考え」と「根拠」を書かせましょう。

「書く」前に話をさせることが、考えを広げたり、深めたりするためには必要なように、「発表」をする前に、必ず書かせることも必要です。書くことで、あらためて自分の発言を整理し、より相手が理解しやすいように自分の考えを組み立て直したり、見つめ直したりすることができるからです。

この根拠の一つとして「タイトルとの関連性」があります。

物語文でも触れましたが、文章を書く人間は「タイトルにこだわる」のです。「その文章全体を俯瞰したタイトルをつけたい」と思うものなのです。

とは言っても、それは極めて具体的になっているものもあれば、抽象的なものもあります。しかし、少なくともその文章全体を俯瞰したものであることは、まず間違いないでしょう。

読み取りの時間にタイトルにこだわらせることは、ある意味「必須」だと言ってよいです。

なお、こうして一年間タイトルにこだわりながら読ませることは、作文指導のときにタイトルを考えさせることにもつながります。

国語の学習はいろいろなところでリンクしていくのです。

要約する

主指示

この文章を○字以内にまとめましょう。

「要約」と言うと難しく感じますが、小学生レベルであればコツさえわかればそれほど難しいものではないと思います。

ここまでの学習の「筆者が一番伝えたい文を見つける」活動を活かして、形を整えるだけでもよいでしょう。筆者が一番伝えたい文がそのまま要約文になることもあります。

また、文字数に余裕があれば、より詳しくなるように、一文、二文、とつけたして要約文とすることもできるでしょう。

ただし、要約には「短く表す」ということが求められていますから、より短くするためには、その文章を全体像がわかるようにほかの文や部分をつなぎあわせて書いたり、語尾を敬体から常体にしたり、言い切りの形にすることも必要になります。

たとえば、「人の眼差しにはいろいろな意味があります。その意味の中でもっとも重要なのは、共感の眼差しであると私は考えています。」という文があるとして、この文を要約すると「人の眼差しにはいろいろな意味があり、私がもっとも重要だと考えるのは共感の眼差しである。」というものになるでしょうか。

ここでは、指示語に注目させることが大事になります。次のように問い、指示を出しましょう。

補助発問・指示

指示語は何を指していますか？　線を引きましょう。

「文章の要旨をつかむ②」でも述べましたが、筆者が伝えたいことが、指示語を介して二つ以上の文に分かれていることがあるからです。

線を引いたところには、もとの文章から言葉をあてはめていきます。この作業は案外難しいことがあるので、黒板に示しながら教師が一緒に書いていってもよいです。

より短い字数に収めるためには先述した「敬体から常体に直す」や「体言止め」、「言葉の言い換え（和語を漢語にするなど）」のテクニックも必要になりますが、その辺りは受験などと切り離せば、それほど必要だとは思いません。ここまでの時間で文章の要旨はつかんでいるので、それをまとめて文章に表すだけです。要約は決して自分で文章を考えるわけではないということを、体感させながら、何度も何度もスパイラルに学んでいきましょう。

そうして、筆者の主張や文脈に沿って読んでいく力をつけていくのです。

なお、文字数は教師の解にあわせて少し余裕をもった設定にすればよいと考えます。

コラム②

パターン化実践例3―1

『町の幸福論』

（東京書籍6年）10時間目安

物語文と同じように説明文の基本的なパターンを示していきます。

①子どもの理解度をはかる 〜範読・初発の感想〜

②音読練習・辞書引き・形式段落の確認

③主発問「一言で言うと、何が伝えたい文章ですか？」

④主発問「問いの文はどれですか？」

「問い」になっている文がいくつもありますが、その中で「全体を貫く問い」（課題提示となり、例示や答えの文とつながる文）を選びます。

ただ、読者へ意識喚起をするための単なる問いかけの文や反語としての問いかけの文も混在しているため、それぞれの問いの価値や役割に気づかせながら吟味する必要があります。

⑤主発問「答えの文はどれですか？」

⑥主発問「序論（はじめ）と本論（なか）は、どこで分かれていますか？」

まず「学習で使う言葉」から「序論・本論・結論」の定義を確認しましょう。

説明の際は、例示が始まる部分とその最初の言葉「まず」に注目させることが必要になります。

⑦主発問「本論（なか）と結論（おわり）は、どこで分かれていますか？」

答えの文からまとめにかかることを確認していくことで、結論がどこから始まるかを見つけやすくなります。

ここでも、「このように」という言葉に注目させます。

⑧主発問「例示はいくつありますか？

それは、それぞれどこからどこまでですか？」

⑨主発問「それぞれの例示にタイトルをつけましょう。」

⑩主発問「筆者が一番伝えたいのはどの段落でしょうか？」

この授業の後、総合的な学習の時間などで「自分の町の豊かな未来」などのテーマで調べ学習を行っていくと国語科教材とリンクした横断的な学習となります。

その際に、プレゼン用の資料づくりとリンクさせることで、より広がりとつながりのある学びとなります。

国語「町の幸福論」の後の、総合的な学習の時間と、そして社会科とリンクさせた一例を挙げてみます。

パターン化実践例3―2　（6年）15時間・3時間目安

『わがまち○○』『政治に関わる学習』

三年時の社会科で自分の住んでいる市町村について学んでいると思います。そして、六年時に同じテーマで学ぶことで、自分の成長を感じさせることになります。

○総合的な学習の時間『わがまち○○』

①私のまちのことを知ろう

有名な場所や魅力的な場所、史跡、偉人だけでなく、その市町村の歴史や現在の課題についても調べるようにする。

高学年なので、市町村史や市町村便りなど、大人が読むような資料の活用も期待できる。

また、言語活動としては「インタビュー活動」、「詳しい人を紹介する活動」、「話し合い活動」を含むことができる。

②こんなまちになったらいいいな

課題を知ったうえで「自分のまちの未来像」を学級で考える。

③プレゼン資料づくり

写真を撮り、それをもとにより伝わるように構成を考えてプレゼン資料をつくる。その後、学級で発表会を行う。学級外からの「聞き手」に参加してもらうことで、より伝えることに対する意識が高まる。

④よりよいまちをつくるための「条例」を考えよう

「話し合い活動」「提案文書作成」などの言語活動を行う。

小グループでの話し合いを経て、多くのアイデアを出し、そのうえで全体の話し合いの中で意見交換をして、意見の精選を行う。

⑤模擬議会を開こう

教室で役割を決め、議会を模した模擬議会を行う。

社会科の発展学習としても扱うことができる。

④と⑤の学習の際は、市町村の議会担当者をゲストティーチャーを招くことも考えられる。

④と⑤の間に社会科で『政治に関わる学習』を学習し、議会の仕組み、条例などについて学ぶようにします。可能なら、議会見学を行うとより深い学びになります。

パターン化実践例４　（光村図書５年）11時間目安

『千年の釘にいどむ』

①子どもの理解度をはかる～範読・初発の感想～

②音読練習・辞書引き・形式段落の確認

③主発問「簡単に言うと、何が伝えたい話なのですか？」

④主発問「問いの文はどれですか？」

この教材には、主題と直接的にリンクした明快な「問いの文」は存在しないと私は考えています。

しかし、文章の冒頭で唯一疑問形の文が提示されています。

→「どうしたら、古代の人々に負けないものをつくれるのか。」

ただ、これだけでは文章全体を貫く問いの文にはなりません。ここでこの補助発問を出します。

補助発問「この文の『もの』をほかのものに置き換えるとしたら何ですか？」

実際に置き換えをすると、「どうしたら、古代の人々に負けない『釘』がつくれるか。」という文になります。これを説明する文章になっていることを確認します。

⑤主発問「答えの段落はどこですか？」

明確な「答えの段落」も示されているとは言い難いですが、それでも子ども達の話し合いを経て、最終段落を答えの段落だととらえるのが妥当であることを子ども達には伝えます。

そのうえで、さらに「答えの文」を補助発問で問います。

補助発問「答えの文はどれですか？」

ここでは、「白鷹さんは、納得のいく釘を完成させるまで、何本も何本も作り直した。」が妥当だと考えます。

⑥主発問「この文章は大きく分けると、いくつの段落に分かれていますか？」

この文章は行を空けてわかりやすく場面段落が示されています。そのまま場面段落が全部で五つあることを確認しましょう。

そして、次の補助指示を出します。

補助指示「場面段落にタイトルをつけましょう。」

タイトルをつけるという活動は本文中の言葉からキーワードを選んで、それを短く抜き出すことを基本とします。そう考えると、段落の「三」と「四」は文章から言葉を選べばそれがタイトルとなるので、まず「三」と「四」から行うと子ども達は理解しやすいように思います。

その後「二」にタイトルをつけるとすると、「材料の性質」

がキーワードであることに気づきます。そして、その言葉に「釘の」とつければよいことに気づく子は少なくないでしょう。

「易から難へ」

必ずしも段落の順番通りに進めようとは考えず、ちょっとした工夫で子ども達は取り組みやすくなるものです。

⑦主発問「この文章を三つに分けるとしたら、どことどこで分けますすか？」

これは⑥の活動を行う前にしてもよいのですが、この教材の場合は、タイトルつけてからの方が、分ける根拠を子ども達が理解しやすいため今回は順番を入れ替えることにしました。

その結果、ここでは話し合いまでは行わずに、答えの確認だけをしました。

⑧主発問「この文章で作者が一番伝えたいことが書いてあるのはどこですか？」

ここでは子ども達が形式段落の「十一」から印象的な文や文章を選べばよいです。

それでも選ぶとしたら、白鷹さん本人の言葉から選んだらよいでしょう。

だれかの言葉を引用するというのは、筆者がその言葉をとても大切に考えていることが多いからです。

私は特に「職人というものの意地だね」という言葉が印象に残ります。

ただ、子ども達にとってこの辺りは多少の揺れは許容してよいかと考えます。

⑨構造図を示す

⑩主指示「この筆者の考えについて、自分の意見を書きましょう。」

ここまで紹介してきた手順で文章全体の骨組みの読み取りをした後、子ども達には自分自身の感想を書かせて、それを全員で交流させましょう。

この教材が教科書に掲載されているのは「読書」を広げ、友達と交流することが一番の大きな目的です。

正確な読み取りをもとにしつつも、子ども達の「多様な読み」を許容するということも教師は大切にしたいものです。

授業のパターン化❸

詩文の授業パターン

一時間目
範読・音読・初発の感想を伝える
「気づいたことはありませんか?」「面白いな、と思ったことはありませんか?」

二時間目
詩の構成・作者が伝えたいこと（感動の中心）をつかむ①
「この詩は大きくいくつに分かれていますか?」

三時間目
作者が伝えたいこと（感動の中心）をつかむ②
「作者は何が伝えたいのだと思いますか?」

四時間目
読みを工夫する「作者の伝えたいことを想像しながら、工夫して音読してみましょう。」

五時間目
感想をもつ・交流する
「感想を書きましょう。」「それを見せ合って、自分の感想を伝えましょう。」

詩文の教材には、次のような目的があります。

- **リズムや言葉のもつ響きや面白さを感じ取りながら読む**こと
- 好きな詩や好きな詩の表現や言葉を見つけることを通して、**詩に興味をもたせる**こと
- **文の組み立ての理解**や**解釈**を必要とし、それを得ること

・**詩作**をすること

実は、教科書で詩文が掲載される主な目的は、教材によってかなり違います。それぞれの目的に沿って今までのように一時間に一つのユニットを行うというよりは、一時間の中にいくつかのユニットを組み込んで授業することになります。つまり、すべての教材をパターン化して「同じ内容をスパイラルに学習する」というところからは、少し外れていると考えた方がよいです。

ここでは基本パターンに沿って説明していきます。教材や子ども達の状況にあわせて、いくつかのユニットを組み合わせるなどのアレンジを加えながら授業計画を行ってください。

一時間目

範読・音読・初発の感想を伝える

主発問

気づいたことはありませんか？
面白いな、と思ったことはありませんか？

詩文の教材では音読をメインにすることが多くなります。そこで、いろいろな読み方で子どもが覚えるくらいまで読ませましょう。このとき、場合によっては辞書引きを入れてもよいです。

それがおわったら「主発問」で子ども達に詩を読んだ感想を聞くとよいでしょう。

詩文は物語文や説明文と違って、非常に短い文章の中で多くの感動を表そうとさまざまな工夫を行っています。この「主発問」で、子ども達から次のような気づきが出てくるはずです。

- 詩がいくつかのかたまりに分かれている。(「連」に対する気づき)
- 古い言葉で書いてある。(「文語体」に対する気づき)
- まるで人がしているかのように書いてある。(「擬人法」に対する気づき)
- 何かを別のものにたとえている。(「比喩」に対する気づき)
- 音の表現が面白い。(「オノマトペ」への気づき)
- リズムが同じ。(「七五調」への気づき)
- 同じ言葉が繰り返されている。(「リフレイン」への気づき)
- ○つ目のかたまりと、△つ目のかたまりがよく似ている。(「対」への気づき)
- □つ目のかたまりと、△つ目のかたまりが反対になっている。(「対比」への気づき)

これらを整理していくだけで、実は十分学習が成立してしまうということもしばしばあります。もちろん、この書き方の工夫だけではなく、共感したり、面白いと感じたりするというような「感動の中心」に触れた発言も、特に中学年では大切にしたいと思います。ただ、子ども達のこのような気づきを「学習」として昇華できるかどうかは教師次第なのです。

子どもの発言を面白がりながら、教師が価値づけしましょう。それだけでも、ずいぶんと豊かな学習になります。この活動が充実した場合は、次に紹介する活動は必要なくなるかもしれません。

二時間目

詩の構成・作者が伝えたいこと（感動の中心）をつかむ①

主発問・主指示①

この詩は大きくいくつに分かれていますか？　印をつけましょう。

詩文は「いくつかのかたまり＝連（れん）」に分けて書かれていることが多いです。（三好達治の『雪』のように一連のみの詩や、散文詩などの例外もあります）。そして、作者が連を分けるときは、物語文と同様に「明確な意図」が存在するので、しっかりおさえておく必要があります。

しかし、「連」は学習活動の中でもよく出てくる基本用語ですが、案外子ども達は覚えていません。そこで、「詩では、大きな文のかたまりのことを『連』と呼びます。」と、その都度板書して確認するようにしましょう。その詩が大きく三つに分かれているなら、「これは大きく三つのかたまりに分かれているから、三連と言います。」とさらに確認するのです。

「連」が確認できたら、次の「主発問」でさらに詩の内容に踏み込んでいきます。この発問は、同じ言葉や行、連が「繰り返し」（リフレイン）されている作品である場合に出しましょう。

主発問・主指示②

繰り返されている言葉（行）はどれですか？　印をつけましょう。

詩文では、繰り返し同じ言葉・行が出てくる場合や、連そのものが繰り返されている場合があります。また、連と連が「対（つい）」になっている場合もあります。その部分を見つけましょう。

その部分は、作者の感動や伝えたいことの中心であることが多いからです。そして、「その繰り返されている言葉が多い連はどこか？」や「少しだけ形を変えて繰り返されている連はどこか？」などと問い、さらに繰り返されている言葉を確認していきましょう。

そういう視点をもちながら読むことで、作者の隠された意図に気づくことができます。

構成をとらえる際も、この繰り返されている言葉を中心に考えると、作者の意図が見えることがあります。物語文と同じように「起承転結」を意識してつくられている作品もあれば、最初と最後に印象を強くする工夫を行っている作品などがあります。

主発問・主指示③

筆者が一番伝えたいことが書いてある連はどれですか？　印をつけましょう。

ここで、前の「繰り返し」を見つけることが役に立ちます。

しかし、繰り返しが多いからといって、必ずしもそこが作者の一番伝えたいところとは限りません。金子みすゞの『わたしと小鳥とすずと』は、最後の一行に作者の意図が凝縮されています。同じ構成で繰り返されている連が三つ続き、その後で一行だけまったく違う行が登場するのです。だからこその一行が浮き立ち、作者の意図を際立たせています。そのような構成の詩もあります。

でもそれは、「繰り返し」を意識するからこそ、気づくことができることとも言えます。

三時間目

作者が伝えたいこと（感動の中心）をつかむ②

主発問

作者は何が伝えたいのだと思いますか？

前述しましたが詩には感動の中心があり、伝えたいことがあります。（もちろん詩だけではありませんが、詩はそれが顕著です。取り上げない場合でも、教師は意識して授業を行うべきです）

授業で学級全体に問いかけるとすれば、「感動の中心」や「主題」を問うことも必要なことだと考えます。その際、ほかの教材と同様に「タイトル」に注目させることを忘れてはいけません。

実は、この発問はあえて「思いますか？」という語尾にしています。教材によっては「考えますか？」でもよいのですが、詩文は特に作者の「感動」に思いをはせ、それに触発された自分の感情に子どもを向き合わせたいのです。もしかすると、出てくるものは極めて主観的なものであるかもしれませんが、それでもなお文字を通して「心が動く」という経験を大切にしたいと考えます。

そして、主題だけでなく作者としてはそのほかに「いくつかの言葉や表現に感動してもらいたい」という意図をもってつくっている場合もあるのです。

だから、作者としてはそのように「主観的に」読んでいる読者もまた「あり」なのです。

ただ、いきなり「作者は何が伝えたいと思うのですか？」と問うても子ども達は考える足場がないため、立ちすくんでしまうこともあります。文章の構造や仕組みがとらえられたからといって、感動の中心がとらえられるとは限らないのが詩文の特徴です。

そこで、次から紹介するようなユニットでの問いや活動を授業計画にオプションとして投げ込んだり、説明をしたりして読みを深めていくのです。

ユニット① 詩の背景を問う・知る

主発問

（例）季節はいつですか？

この「主発問」はあくまでも一例ですが、詩の背景を問うための発問をしましょう。季節を問うた方がよい場合もあれば、「時刻」や「場所」、「どんな人物か？」を問うとよい場合もあります。

また、高学年では使われている言葉そのものが難しく、珍しいものもあるので、辞書引きをしたり、言葉の説明だけで難しいものは実物画像などを用意して子どもに見せることも必要でしょう。

ユニット②　理由を類推させる

主発問

なぜ、○○なのですか？

詩の場合は、短い文章の中でいろいろなものを表現しようとするため、物語文や説明文にくらべて、文章表現の工夫が多く見られます。

たとえば、同じ詩の中で同じ音の言葉なのに、漢字とひらがなの表記が混在している場合があります。そんなときは、「なぜ？」という素朴な疑問をまず教師自身がもってそのことを調べましょう。そして、その「なぜ？」を授業でも問うことに価値があると考えれば、この「主発問」で子ども達に問いましょう。

ただ、詩文に限ったことではないですが、「なぜ？」と子どもに問うなら教師自身が、詩の一つひとつの言葉やセンテンスをていねいかつ直感的に読み取ることで、一定の解を得ておく必要があります。もちろん、その解は「何となく」ではなく、子ども達にとっても理解できるような説明や学習をともなったものでなくてはなりません。

また、ただその詩文を繰り返し読んでも、浅い読みにおわってしまうこともままあります。

そういう場合は、その文章やその文章には書かれていない「背景」（それは作者の生い立ちや、時代背景、住んでいる・住んでいた場所、その前後に起こった事件など）を調べることで「ああ、そういうことか。」と、まるで謎解きのように解き明かされることがあります。

ただ、はっきりと言えるのは、教師になった以上はこのような教材研究をしながら教師が準備をしていく中で、そうやって詩に切り込んでいく力をつけていくことが必要なのです。そして、そのような教師だからこそ、目の前の子ども達も詩や言葉に対する「感度」を上げていくことができ、しっかりと国語の力を育んでいくことができるのです。

ユニット③ 場所を問う

主発問

作者はどこから見ているのですか?

感動の対象物と作者の距離感を考えることで、その詩の感じ方は変わってきます。この「主発問」でそれに気づかせます。「近接して見ているのか?」、「俯瞰して見ているのか?」、「焦点をしぼって見ているのか？」、「ぼやっと見ているのか？」、これらで見える風景は異なってきます。そこに「作者の心情」が表れるのです。

ユニット④　様子を具体的に想像させる

主発問

どんな○○なのですか？

詩文の中に出てくるものを具体化させることで、作者の感動の中心が浮き彫りにされてくることがあります。

空が出てきたら「どんな空なのか？」、雲が出てきたら「どんな雲なのか？」を問うことで、作者がどのような心情でその風景を眺め、詩に表したのかが見えてくることがあります。

ユニット⑤　「もし」を問う

主発問

（例）もし、この雲が小さな雲だったらどんな感じがするでしょう？

ことがあります。詩文の内容とは、あえて真逆の基準を教師が示すことで、もともとの文章の意味がはっきりすることがあります。

たとえば、教師が教材研究をしてこの文の雲は「大きな雲」のことだと考えたら、あえて「小さな雲」と子ども達に提示してみましょう。

「それだと作者の感じていることと違う！」「伝えたいことと違う！」子ども達がそう言い始めたらチャンスです。

「じゃあ、作者の感じていることとは？」「伝えたいこととは？」

この問いをしてみることで、詩の根底に流れる作者の感情に触れることができたり、「感動の中心」に迫ることができたりするかもしれません。

ユニット⑥ 色を問う

主指示

色が出てくるところを丸で囲みましょう。

これは物語文でも同じなのですが、感情をともなう文章に出てくる「色」は、かなり意図的に選ばれて書かれています。詩文のように短い文章ならなおさらです。

たとえば、「『白い花』のタイトルが『黄色い花』だとしたら？　いや、『黒い花』だとしたら？」

と考えてみると、後が同じ文でもまったく違う風景が、そして「感情」が頭に浮かびませんか。

この「主指示」で、作品に登場する色を丸で囲ませたそのうえで、子ども達に次の「主発問」を出しましょう。

主発問

その色について、どんなイメージをもっていますか？

色を浮き上がらせることで、連や詩全体のイメージをとらえられることがあります。

ユニット⑦

教師の解釈を伝える

このオプションは、最終的に教師の「解釈」を伝えるための時間です。

教師の「解釈」は子どもの「最初の感想」を揺るがすものである必要があります。そうでなければ、わざわざ「わかりきっていること」を後から子ども達に伝える必要はありません。ただ考えていること、思っていることを伝えるだけにおわってはいけないのです。

子ども達がその詩から、教師の解釈に対して「なるほど」と思えるような解釈、そこに新しい感動がわき起こる解釈である必要があります。

そのためにも子ども達に詩の中の言葉に気づかせたり、意味を知らせたり、詩の構成の妙に触れさせることが大事です。そして、筆者の背景をもひも解くことを通して、子ども達の気づきをさらに引き出しながら伝えていくことが大切なのです。

教師自身がその詩と向き合い、その詩の背景を調べ、評論を読み、そのうえで導き出した「さらに深い解釈」が子ども達の知識や力を高め、深め、広げることになります。そのために子ども達に伝えましょう。

四時間目

読みを工夫する

主指示

作者の伝えたいこと（感動の中心）を想像しながら、工夫して音読してみましょう。


「大きな声ではっきりと読む。」

これは、確かに教室での音読としては正しいのですが、こと国語の解釈を含んだ「朗読」としては不適切です。

「悲しい詩は悲しいように読む。」「楽しい詩は楽しいように読む。」

朗読には読者の解釈が入るものです。子ども達にも自分なりの解釈をしっかりさせたうえで、朗読をさせましょう。詩によっては、身体表現をともなわせてもよいです。

朗読させてみると、子ども達によって読み方が多かれ少なかれ異なることがわかると思います。

そこで、「どうしてそう読んだの？」と問うことで、子ども達の読みの意識は深まり、広がっていきます。もちろん、これは詩の朗読に限りません。

五時間目

感想をもつ・交流する

主指示

感想を書きましょう。
それを見せ合って、自分の感想を伝えましょう。

詩文の授業では自分の感想をもつことが大切ですが、それとあわせて「自分と違う感想」を味わうことも大切にしたいと思います。

「ああ、そう感じたんだ。」「その言葉に感動したんだ。」

自分と違う感じ方に触れる経験をさせることを、ぜひ詩文の教材で経験させたいと思います。

長い文章の物語文や説明文とは違い、詩文は短いです。だからこそ、なおさらストーリーや内容に対する感想は単純にもつのではなく、「言葉」や「表現」そのものに感動することを大事にしたいです。そうすることで語彙を増やし、語彙に対する感覚を豊かにするということを期待することが大事だと考えます。

ユニット⑧

クイズをつくることを通して詩作をする

たとえば、みずかみかずよの作品に『ねぎぼうず』（光村図書五年）という作品があります。

その詩からタイトルを抜いて、次のように提示して「主発問」を出すのです。

> □　　みずかみかずよ
>
> 地底から打ち上げられたロケット

主指示

□に入るのは、どんな言葉でしょう？

こう提示してから答えを教えることで、子ども達は「たとえる」ことについて考え、学びます。

このたとえることを「比喩」と言います。高学年なら、「比喩」には「直喩」と「隠喩」の二種類があることを教えると、より意図的に使いこなそうとします。（158頁「国語用語集」を参照）

また、その際には「擬人法」という言葉も教えておくとよいです。

さらに紹介した詩の「すごいと思うこと」を見つけさせ、発表させましょう。それはすなわち、後の詩作のための「工夫できる点」を学ぶことこととイコールとなります。

そのうえで、詩作に取り組みましょう。子ども達は、このような形での詩作が大好きです。友達と一緒にクイズをつくる感覚でたくさん詩をつくると思うので、それを一緒に楽しみましょう。

自分が実際につくってみることで、教材文のすごさやすばらしさに気づくことも多いのです。

ユニット⑨　単純に音読させる

音読教材として「詩文」が掲載されているときは、「読み解く」というよりも「読んで日本語に慣れ親しむ」ことを主な目的にしています。基本的には音読することを中心に授業をしましょう。

たとえば、授業の最初に「〇ページのところを三分音読ね。」と言って、覚えた子に発表させるなどでも、基本的な目標は達成されていると考えられます。特に「リズム」の楽しさや面白さを味わうことを念頭に置いた教材は何度も読むことと、覚えることを目標にしたらよいと思います。

ただし、簡単にでも「読解」や「解釈」を行うことで、その教材の読み方が変わります。その言葉のもつ意味がわかることで、知る前と考えが変わったりしてくるからです。時間がなければ、ただただ音読させるだけでもよいですが、少なくとも、その文を覚えるくらいまで何度も何度も音読させましょう。

ただ読めばよいというといささか乱暴に聞こえるかもしれませんが、そもそも日本には「素読」（そどく）という文化があります。意味がよくわからなくても、「ただただ声を出して読む」だけでも、十分効果と価値があるのです。

こういった活動は、授業冒頭のウォーミングアップにも適していると思います。

コラム③

パターン化実践例5

『からたちの花』

（光村図書5年）2時間目安

①範読・音読・初発の感想

②主発問「この詩はいくつの連に分かれていますか？」

③主発問「繰り返されている言葉は何ですか？」

この発問であわせて繰り返されている連も確認することができます。

④主発問「どんな色が登場しますか？」

補助発問「白、青、金はそれぞれどんなイメージですか？」

主発問で色を出させたら、補助発問でさらに思考を深めていきます。例として白のイメージを示します。

「白は何色にも染まるイメージです。「無」ととらえることもできます。でも「無」とは言っても、「暗い」イメージのない色でもありますね。」

補助指示「同じ連の中で、共通するイメージの言葉を丸で囲みましょう。」

ここでさらに色のほかにも言葉を掘り下げていきます。

「青」と「とげ」と「泣いたよ」から想像できるイメージ、「金」と「まろい」と「やさしかった」から想像できるイメージなどがあります。それらを丸で囲み、板書にも反映することで、子ども達に言葉のイメージを明確にもたせることにつなげるのです。

⑤主発問「対比する連や行はありませんか？」

二連と四連は「青」と「金」、「とげ」と「たま」で対比していると考えられます。それぞれ「悲しいこと」、「嬉しいこと」（あるいは成し遂げたこと）のようなイメージの対比だと考えられるでしょう。

同じように五連は一行目と二行目が対比していると考えられます。

⑥主発問「繰り返しも対比もされていない連はどれですか？」

残っているのは三連のみです。三連は「日常にある風景を謡っている」ととらえればよいでしょう。

⑦主発問「筆者にとって『からたちの花』はどんな存在なのでしょうか？」

子ども達に自分の考えをもたせてから、教師の解釈を述べましょう。

私がそのときに子どもに伝えた解釈を紹介します。

この詩は童謡としてもともとつくられたもので、曲は山田耕筰がつくり、詩自体は山田耕筰の経験から着想して、北原白秋が書いたものです。耕筰の生い立ちを紹介し、次のように伝えました。

「嬉しいことも、悲しいこともあった日常の思い出の中で、からたちの花がいつもそばにあった。」

そのように詩の中の言葉から詩の中に書かれている情景を思い浮かべ、作者の心情を想像したり、子ども達自身の経験や心情と重ね合わせたりするなど、その詩の世界を味わうことができていればよいのではないかと思います。

そう考えると、この詩の解釈の後、時間があるようであればこの補助発問もさらに意味をもつでしょう。

補助発問「君達にとっての『からたちの花』はありますか？」

これを問うことで、より一層自分の経験や環境に思いを巡らせてもよいかもしれません。

⑧主指示「詩に書かれていることや、作者の心情を想像しながら朗読してみましょう。」

これまでの解釈をもとに、子ども達に自分なりの朗読をするように指示してみるとよいでしょう。

読みを交流する最後の時間で、友達の読み方を聞き、何かを感じることがあると思います。

（下記へ続く↘）

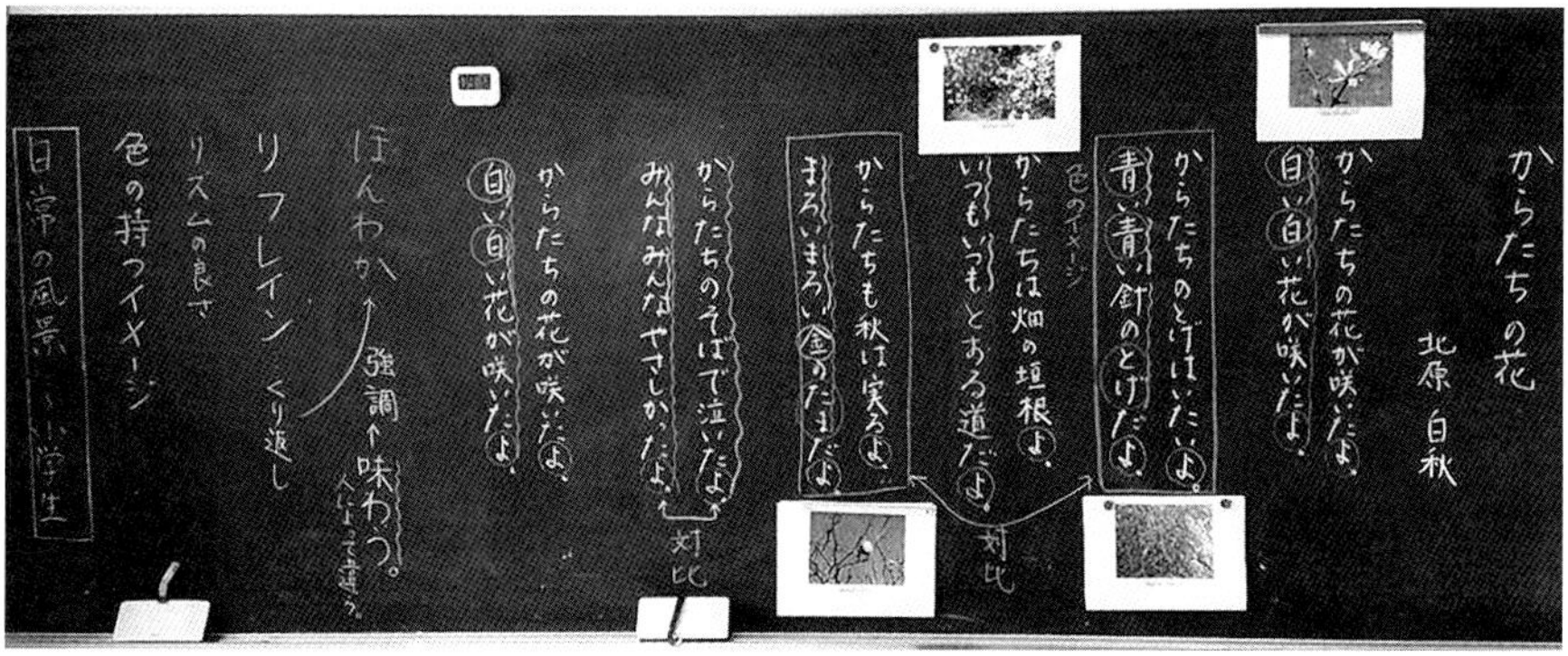

詩の授業では自分でノートに書いた疑問や考えを交流することはよくあると思いますが、友達の読み方を聞いて何をどう考え、感じてそういう読み方に至ったのかを想像し、交流していくのも面白いと思います。

そのような交流の仕方も、子ども達の心に残ると思います。

詩を味わうとは本来はそういうことではないでしょうか。

コラム④

「だれ」が意識しておかないといけないことが書かれているのか？

教科書の巻頭や巻末には聞き方や話し方、書き方に対する留意事項が書かれてあります。たとえば「聞き方」であれば、「目的を理解して聞く」、「結論と根拠の両方を聞く」などの着目する点や、「相手の方を見ながら聞く」、「メモをとりながら聞く」などの活動をともなった点などが示されています。確かに、子ども達はこのような視点に気をつけながら「聞く」ことで、力をつけることができると思いますが、これを常に意識するのは子どもなのでしょうか。

いや、もちろん「子どもも」気をつけることには間違いないのですが、最初にちょっとこの文を読んだからといって、ずっとこのようなことを自ら気をつけ続けて授業を受ける子どもはまずいないでしょう。

「教師が一年間意識しながら指導する」

そうすることで「国語の学習に必要な基礎」が子どもに身につき、授業がスムーズに、そして豊かに行えるようになってくるのです。

ときどき、教科書の気をつけることが書いてあるページを見てみましょう。

そして、「これ言ってなかったな」、「まだできてないな」と考えながら指導していきましょう。

第三章

「話す・聞く・読む・書く」を指導するヒント！

第二章では、教科書教材の物語文、説明文、詩文の読解の意味での「読む」ことを中心に述べてきました。しかし、こと「国語」と考えると、やはり「話す」「聞く」「書く」という国語の基礎力を高めるための指導についても述べておく必要があるでしょう。

国語の基礎力を高めるためには、もちろん論理的に相手に伝わるように話すための、「読む」「聞く」というインプットと「話す」「書く」というアウトプットの両方の経験が「言語感覚を磨く」という観点から重要になります。

アウトプットの前提がインプットであり、またその往還が必要であることは、乳児からの言語獲得、言語理解、言語表出の過程から考えても、極めて当たり前のことです。

また、「話す」というアウトプットと「聞く」というインプットはセットで考えるべきです。

なぜなら、よい聞き手を育てることは、よい話し手を育てることにつながるからです。

さらに、「話す」がただの「おしゃべり」から意図的に構成された「話す」に進化していくためには、やはり「書く」ことも必要になってきます。それぞれが相互作用をしているのです。

本章では、「国語」の基礎的な力である「話す」「聞く」「読む」「書く」についての指導や取り組みをさらに示していきます。

そして、これらは日常的に鍛えていくものです。行うなら毎日、毎時間どこかの時間にユニットとして位置づけて指導するようにしましょう。これらを授業のシステムの一部にするのです。

そうすることで、支援の必要な子も次にやることがわかり、安心して授業に取り組める効果もあります。

国語の基礎的な力❶

「話す」指導のヒント

次のような流れの授業をまれ（?）に見かけることがあります。

- 教師の質問に手を挙げて、子ども達はその答えだけを言う。
- それを教師が板書する。
- 子ども達の発表は、授業者（教師）が答えて欲しい「答え」を探して言うのみなので、子ども達は発表者に対して「いいでーす。」「同じでーす。」という返事をする。
- あるいは、発表時に原稿をつくって、それを発表するだけの「活動」をする。

これらで身につけさせようとしている力は、私達が日常的な言葉として「話す」という単語で説明されているものでしょうか。正直、このような授業だけをとって「私は『話す』力をつけています。」と言われても違和感があります。

つまり、この「話す」には、「話す」力に重要な相手との「やりとり」を想定できていないのです。また、私達はそのほかにもそのときの感情やひらめき、思いつきが入ったものを話すことを、本来は「話す」という言葉で表していると思うのです。

このことから、日常的な会話に近い指導こそ、私はより充実させていきたいと考えています。

そこで、次のようなユニットを取り入れてはいかがでしょうか。

ユニット① 一分間スピーチ

朝の会などに位置づけて、日直がするように決めて毎日行いましょう。

テーマは自由でも構いませんが、決めておいた方が話しやすい子もいるので、「私の宝物」など話しやすいテーマを設定してもよいでしょう。

また、簡単なアウトラインを示して話をさせることも、苦手な子にとっては取り組みやすい支援になると考えられます。

アウトラインの例としては、「①私の宝物は……、②なぜなら……、③そして……、④あるとき……、⑤だから……。」や「①みなさんに知ってもらいたいことがあります。②それは……、③なぜなら……、④だから……。」などが考えられます。

ユニット② 三分間サイコロトーク

班ごとに話す時間を三分間と決めてサイコロを振り、出た目のお題について話をさせます。

ただし、どうしても話したくないお題もそれぞれの事情であるかもしれません。その場合のために、自分の番を飛ばせる「パスあり」にしておくと、どの子も取り組みやすくなります。

これもお題は何でもよいのですが、例として次のようなお題を設定しましょう。

①好きなテレビ番組
②宝物
③行ってみたい都道府県
④くつのサイズ
⑤家に帰って一番にすること
⑥空飛ぶじゅうたんがあったら、どこに行きたい？

ほかにも「ラーメンで好きな味は、しお？、しょうゆ？、とんこつ？、それともとんこつしょうゆ？」など選択式のものにするなど、その日によってあれこれ変えながら行います。

「好きなかき氷の味」とか「クリスマスプレゼントは何が欲しいか？」などの季節ネタや、ときには「くつ下に穴が空いているか？」など、書いた瞬間に子ども達が笑うような楽しいお題も入れましょう。笑い声は和やかな雰囲気を生み出し、リラックスして会話が進められます。

なかなか会話が進まないクラスや、人前で話すのが極めて苦手な子がいる場合でも、朝の会などに位置づけてスタートすることで、「話す」という活動そのものに慣れていくことができます。

ユニット③　話し方を鍛える！　日常的な指導

次のような「話し方」のスキルが身についていると、一般的に話し方が上手いと言われます。

①どちらを向いて話をすればよいのか、がわかる。
②どのくらいの声の大きさで話をすればよいのか、がわかる。
③話すスピードが適切かどうか、がわかる。
④今はジェスチャーをつける方がよいのかどうか、がわかる。
⑤話がわかりやすいかどうか、がわかる。

「どう話せばよいのかわからない。」と考えている子どももいます。そのような子には前述した項目にあてはめて「スキル」を具体的に教えることも、必要な支援だと考えます。たとえば、「最初に結論を言って、根拠を後から言うこと」など、話の「構成」を考えさせることも大切です。

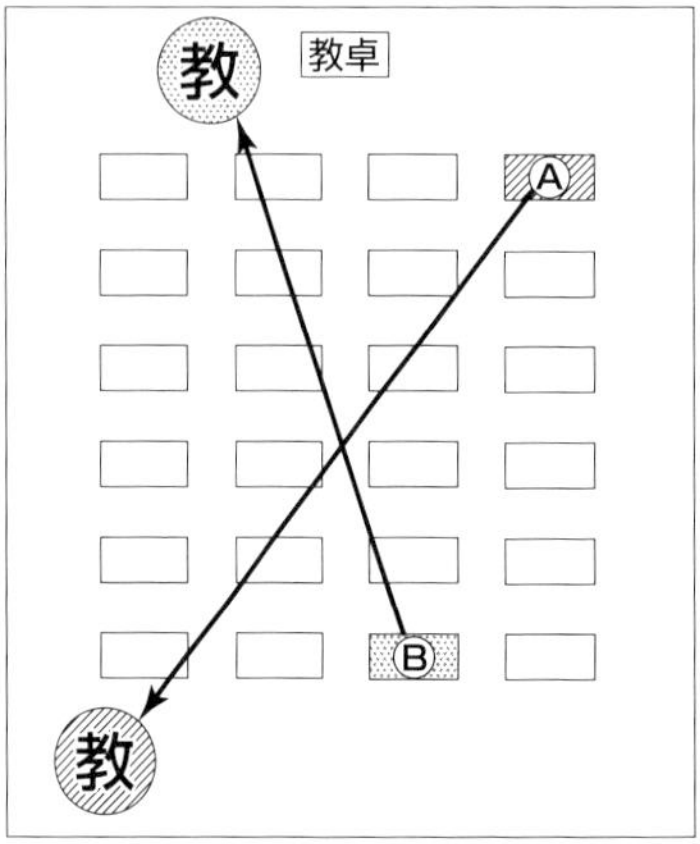

▶子どもの発表時の教師の立ち位置例。

教師の立ち位置も重要です。「聞いている人の方を見ましょう。」だけでもよいですが、それでも教師の方を向いて話したい子は低学年から中学年を中心にたくさんいます。上の図のように教室の中心から見て話し手の対角線上に教師が立つようにしましょう。

そうすると、話し手の視野は広くなり、遠くを見るようになります。結果的に話を聞いてくれている友達の顔もよく見えるようになり、徐々に教師ではなく、友達の顔を見て話をすることができるようになるのです。

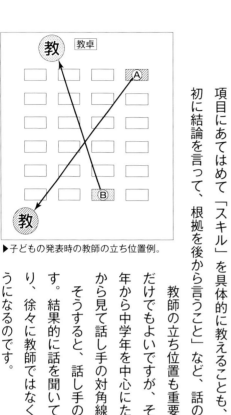

国語の基礎的な力❷

「聞く」指導のヒント

「聞く」ことは「話す」ことよりも、かなり難易度が高い行為です。

だからこそ、日常的に「聞く」ことに対する指導や取り組みが必要になってくるのです。


「よい聞き手は、よい話し手を育てる」


ベテラン教師なら一度は耳にした言葉でしょう。

話し手を育てるためには、同時に聞き手を育てることが大事なのです。

そうすることで、「話し手」と「聞き手」が、相互に好影響を与えながら育っていきます。

ユニット①　日常的なことから指導する

日常的な指導の中心は、まず教師の「声かけ」でしょう。

たとえば、次のような指示が効果的です。

①「一番聞いていないと思う人を見て話をしましょう。」（野口芳宏氏の実践）
②「じろっと周りを見て話をしましょう。」（有田和正氏の実践）

一見、聞き手への指導に聞こえないこの指示ですが、実は、聞き手に話し手を意識させる秀逸な指示です。

このような指示だと、子どももくすりと笑いながら、一生懸命に聞くようになります。「ちゃんと聞きなさい。」という指示の何倍も効果があります。

また、「うんうんと、うなずきながら聞きましょう。」のように行為を規定する方法もあります。

（ただし、この学習の仕方についてはいろいろな考え方があるので万人にはおすすめしません）

ユニット②「いくつのことを話したでしょう？」

全校朝礼の校長先生の話などチャンスです。最近でこそわかりやすく「最初に三つの話をします。」と宣言してから話し始める方も増えましたが、多くの場合そうではありません。

朝礼がおわった後「校長先生はいくつのことを話したでしょう？」と子ども達に問いましょう。

毎回そのように問うていくことで、子ども達の「聞く力」が鍛えられていくのです。

もちろん、これは朝礼の校長先生の話に限らず、いろいろな場面で使える発問です。

また、「一言で言うと、何の話をしましたか？」と問うのもよいでしょう。

そうすると「話の中心」をとらえようと、子ども達はより一層話を一生懸命聞くようになります。

ユニット③メモをとらせる

授業の際にメモをとるクセをつけましょう。たとえば、「教師の話を聞きながらのメモ」や「友達の一分間スピーチの内容をメモ」するなどを、少しずつでよいので定期的に行うのです。

普段も、ただ板書を写させるだけでなく、「先生の言ったことで、面白いなと思ったことや、後で調べようと思ったことなどをどんどんメモしていいからね。」と教えます。そして、ちょっとでもメモをする子がいたら、大げさにでも紹介し、「自分で考えてメモをすることはいいことだよ。」と伝えましょう。

特に板書は、ともすれば「ていねいに美しく写す」という書写のような時間になってしまうことがあります。そうしないためにも、メモをとることを教えることが大切です。

後述しますが、この習慣は国語に限らずほかの教科でも活かされたり、鍛えられたりします。特に社会科や総合的な学習の時間の「調べ学習」や「フィールドワーク」のときにこの習慣が身についていると、子ども達の学びは非常に効果が高いものになってきます。

ユニット④　感想を言わせたり、質問をさせたりする

ことあるごとに「質問」や「感想」は、言わせるようにしたいものです。

これらは、「話す」指導に分類されることもありますが、こと人の話を聞いてからの感想の質は「どれだけよく話を聞いていたか？」によってほぼ確定します。

① ゲストティーチャーの話を聞く。
② 読み聞かせを聞く。

これらのような人の話を聞く場面があれば、最初に「最後は全員に感想を言ってもらうからね。」と予告して話を聞かせ、そのうえで「感想」を求めましょう。

それができたら、次に「質問」を求めます。単なる「感想」を言うよりも「質問」をすることはさらに難しいことです。子ども達の育ちにあわせて、少しずつ挑戦していくとよいと思います。

ユニット⑤ 討論の授業

説明文や物語文、詩文の授業の中に「討論」を取り入れましょう。それは、教師主導でもよいですし、自由討論の形でもよいです。

または、教師主導の討論前に、同じ考えの人同士、あるいは違う考えの人を交えてのバズ・セッション（小集団ごとでの討論後に、得た結論を全体でまた討論すること）をしてもよいでしょう。

そこでの対話もまた「話す力」を飛躍的に伸ばしていくものとなるはずです。「自分の立場を明確にし、根拠を立てる経験」をさせるのです。そのうえで討論を行いましょう。

国語の基礎的な力❸

「読む」指導のヒント

本書の第二章では読解を中心にした「読む」ことを書きました。なので、ここでの「読む」は「音読指導」と「本を読む」ことを中心に詳しく述べていきます。

第二章や第六章での音読は、ここで示した指導法を参考にして行ってみてください。

ユニット①　音読指導

授業中に行う「音読」は、とても大切な活動の一つです。なぜなら、教科書がすらすら読めないのに、その文の内容を理解するというのは至難の業だからです。

すらすら読めるようにするためには、やはり繰り返し音読させることが大切になります。

しかし、ただ読むだけだと子ども達は飽きてしまい、ほどよい緊張感もなくなってしまいます。

それを打開するためには、音読のパターンをいくつももっていることが大切になります。

パターン①【範読】

教師が見本として子ども達に音読を聞かせます。特に、初めての教材文を読む際に使います。

パターン②【連れ読み】

教師が「句読点」で区切って読み、その後に続けて子ども達が読みます。

たとえば、「ぼくが、」「ぼくが、」、「昨日見た夢はとてもこわい夢でした。」「昨日見た夢はとてもこわい夢でした。」という具合に教師が読んだ後に、同じように同じ場所を子どもに読ませます。

連れ読みにはさらにいくつかの種類があるので次に紹介します。これらはほかの読み方とあわせて使うこともあります。

①「、読み」「。読み」

音読するときに読点（、）と句点（。）の両方で区切る読み方を便宜上「、（てん）読み」と呼び、句点（。）のみで区切る読み方を「。（まる）読み」と呼びます。

この「、読み」と「。読み」とでは難易度が違っています。読み始めの段階では「、読み」からしていき、ある程度慣れてきたら「。読み」で練習を行いましょう。

教師と子どもの読む時間差がないように読むと、子ども達は飽きずに読むことができます。

② なりきり読み

普通の読み方では、何度も読んでいるうちに子ども達が飽きてしまう場合があります。

そこで、何かのキャラクターになりきって読むことで、子ども達は楽しみながら読むことができます。たとえば「ロボットのように」や「おじいさんのように」、「女王様風に」など読むときに工夫するのです。すると、子ども達は笑いながらも一生懸命読もうとします。

③ 間違い読み

子ども達は音読に慣れると、教師の読んだ文章を耳で覚えてしまい、目で文字を追わずに読んでしまうことがあります。それでは、音で覚えて唱えているだけなので、文字を見てすらすら読むという力はつきません。

そこで、あえて教師が文章をところどころ間違えながら読むのです。そうすることで、子ども達は間違えないように目をこらし、文字通りよく「読む」ようになります。

パターン③ 【交互読み】

連れ読みの進化形です。たとえば「それはそれは、恐ろしい夢だった。わたしは、汗をびっしょりかきながら目を覚ました。昨日の夜のことだ。」というように、「、読み」で――のところと～～のところを、教師と子ども、あるいは子ども同士で交互に読ませるのです。

これもテンポよく行うことで、楽しく音読練習することができます。
だれかが読んでいるときは座らせておき、自分が読む番になったときに立たせることでより活動的になります。ほどよい緊張感も出て、楽しみながら読むことができます。

パターン④【一斉音読】

一斉に全員で声をそろえて読ませます。

パターン⑤【超特急読み】

「できるだけ速く読むんだよ。」と伝え、それぞれが自分の精一杯のスピードで読みます。最初は、教師がモデルを示すことも大切です。「先生よりも速く、正確にはっきりと読めたらすごい！」と伝えると、基準がはっきりしてよいでしょう。
タイマーを置いておいて、時間を意識させるとより意欲的に読むことができます。

パターン⑥【微音読】

小さな声で、これもできるだけ速いスピードで読みます。
私の学級では、立って超特急読みをさせた後に、それができた子どもから座らせてほかの子ども達がおわるまでの時間でこの微音読をするように指導しています。

パターン⑦【指読み】

低学年から、場合によっては中学年でも効果的なのが、一文字一文字、読んでいるところを指で追って読ませる指読みです。
「間違い読み」でも触れましたが、周りの人が読んでいるのを何となく覚えて「読んで」いるだけの子がいます。
これをすることで、本当に文字を追って読めているかの確認をすることができます。

パターン⑧【いきなり読み】

まだ一度も範読もしていない段階の教材文を、いきなり「みんなで声をそろえて読みましょう。」と言って読ませます。

読めない漢字や言葉があると自分で気づくことができ、子ども自身が「どう読むのかな?」と課題意識をもつことにつながります。また、読める字であっても意味がわからないと読めないこともあります。すると、「読めない」と感じると同時に「どういう意味だろう?」とも考え始めるはずです。子どもは教師の範読を聞くだけでは、意味を考えずにただ読んでしまうことも多いのです。

学級の状況によっては、子ども達だけでこの読み方をすることが難しい場合もあるでしょう。その場合は、教師も子どもと一緒に読めばよいと思います。

パターン⑨【表現読み】

よく言われる「よい読み方」とは、自分の読み取りをもとに、声の強弱、間、声色の使い分けなど、いろいろな工夫ができている感情を込めた読み方です。朗読と呼んでもよいですが、「表現読み」と呼んだ方が子ども達は具体的にどうすればよいかわかりやすいように感じています。

この読み方で文章全体を読ませてもよいのですが、「この場面だけ」とか「この台詞だけ」というように、ポイントをしぼって読ませた方が、より工夫しやすくなります。

この「表現読み」は、単なる読みの指導にとどまらず、文章を本当に理解して読んでいるかどうかをはかることとも密接につながっています。

ユニット②　読書活動

「読書」は人生を豊かにしてくれます。ここで紹介する読書活動はほんの一例ですが、小学校段階から子ども達の中に「本に親しむ文化」の「種」を、できるだけ多く蒔いておきたいものです。

パターン①　【読書タイム】

「読書」を、朝学習などの「帯」の活動にしている学校も多くなってきましたが、そうでない学校でも活動内容を担任が自由に設定できるなら、週の一日は読書にあてることをおすすめします。

大事なことは、その時間を設定したら、その時間に教師自身も本を読むことです。高学年の子どもなどは、教師が読んでいる本に興味をもつこともありますし、何よりも「本を熱心に読むモデル」として教師が教室の中に存在していることに意義があると考えます。

また、「テストの後」や「給食の前後」など、細かな空き時間には「読書をする」というルールを決めておいてもよいかもしれません。隙間に読書をする習慣をつけていくのです。

パターン②　【読書を宿題にする】

私が行う方法は「読書十分以上」のように、時間を切って宿題にする方法です。

これは保護者の方にもお願いしたうえで行うと、より効果が高いです。

パターン③　【読んだ本を紹介する】

それぞれが自分の読んだ本を紹介する活動を行うと、それまで本に興味のなかった子が本を読み始めることがあります。

たとえば「ビブリオバトル」という、子ども同士で本の紹介をし合う活動や、教科書にも「本の紹介文」をつくるような活動が出てくることもあります。

これらの活動は本に興味をもってもらうことが目的ですから、あわせて発表会をしてみましょう。その後、その発表を見て、「読んでみたい本を選ぶ」という活動を行うと、子ども同士で読書の輪が広がるかもしれません。

また、自分の家から持ってきた本を置く「本の紹介コーナー」を教室のどこかにつくってもよいです。一定期間だけ、学校にお気に入りの本を家から持ってきてもらって置くようにすると、無理がないかもしれません。

国語の基礎的な力❹

「書く」指導のヒント

繰り返しになりますが、まず最初に確認したいことは、「量は質に転化する」ということです。

よちよち歩きの幼児にオリンピック選手が専門的な走り方を教えても意味がないでしょう。それと同じで、「書く」ことに少なからず抵抗感がある子ども達には、「まずはどんなことでもいいから鉛筆を持って紙に文字を書く」ということをたくさん経験させていくことを重視したいと私は考えています。

繰り返し「書く」ことを経験し、量が書けるようになった子ども達は、本や友達の文章を読むようになり、それに感化されることで文章そのものが上手になっていくことが非常に多いのです。

新しい文章表現などを獲得させたい場合も、ある程度書くことに抵抗感がなくなった時期から教えていった方が、より効率的に、そして楽しく習得していきます。

ただし、「量を書かせる」と言っても、無理矢理書かせるのではなく、「たくさん書きたい」と自発的に思わせるようにしたいものです。そのためには、よく書けた子ども（特に、文章を書くのがあまり得意ではないと思われている子ども）をことさらほめることが大切です。

学年当初には、ひたすら量だけをほめましょう。もちろん、上手に書けている子もいるならほめればよいですが、全体で大きく強調してほめるのは、「たくさん書けた子」にします。

そうやって、「たくさん書くことはいいことだ。」という文化を学級に醸成していくのです。

次にたくさん書かせるために行っている活動の一例を紹介します。

ユニット①

日記指導

これは、日常的にある程度の量の文を書かせるための最たるものです。書かせる頻度が高ければ高いほど、どんどん力がついていくので、私は毎日宿題に出しています。

毎日見るのが大変なら、ノートを二冊渡して交互に返していくという方法もできますが、できれば一冊でその日中に簡単にでもコメントを書いて返す方が、子ども達は喜びます。

コメントは時間があるならば長く書いてもよいですが、短くても大丈夫です。

それよりも、長く書けている日記を中心に、面白い日記、文章が上手な日記などのよいところを毎日数人ずつでも全体に紹介していきましょう。そうすることで、書くことが苦手な子もだんだんと書き方がわかってきて、少しずつですが書くことが上手になっていきます。

ただ、最初にも書いたように、「質」は二の次にして、まずは「量」をほめるようにしましょう。

「ほめられる」ことは、子ども達にとっては重要な「評価基準」なのです。

ユニット② ふり返りノート

私は掃除後や帰りの会のときなどに、「ふり返り」の時間をとっています。

「時間は五分限定で書けるところまで」

「書くのは一ページまで」という指示を出しておき、書けた子から教師のところに持ってこさせて朱を入れていきます。最初は時間のかかる子もいると思います。でも、慣れてくると全員が出しおわった頃には、ほとんどの子のノートに朱を入れることができます。

ノートは、B5判のものを上下半分に切ったものを使っています。その方がたくさん書いた気分になり、苦手な子も「たくさん書いた」と満足感を得ることができます。

テーマは基本的に「一日のふり返り」でよいと思いますが、ずっと同じではマンネリ化してくるので適宜異なるテーマを加えるとよいでしょう。

たとえば「学級目標について」や「よく頑張っていた人」という学級経営に関わる内容だったり、「どこでもドアがあったらどこに行くか?」や「百万円もらったらどうするか?」というような、ふり返りというテーマから離れたものでもよいです。「毎日ある程度の量の文章を書く」ということを、宿題の日記だけでなく、学校生活の中に位置づけていくことをねらっています。

意欲づけのためにも、日記と同じように、よいものがあれば適宜紹介していきましょう。

また、事前に了解をとって学級通信などで紹介していくことでも、子ども達の意欲づけにつながっていきます。

そうすることで、ノートにつけたコメントがあまり長くなくても「先生はしっかりノートを読んでくれているんだな。」と感じてくれます。

ユニット③　ノート指導

ノート指導は「書く」ことの指導の中心です。

単に板書を写すということももちろん大切にするべきですが、「自分の考え」をことあるごとに書かせるようにしたいものです。

たとえば「初発の感想」や「最後の感想」、討論での「自分の意見」などです。

有田和正氏は「ノートは思考の作戦基地」という名言を残しています。

ともすれば、板書を写すことそのものが目的になっている場合があるので、「書写の時間じゃないからね。」と、子ども達には何度もくり返し伝えましょう。

本当に書けるようにしたいなら、板書だけでなく「自分の考え」をできるだけ書かせることに注力しましょう。

また、文章表現にこだわらせたいなら、教師自身の板書する言葉にも注意を払うべきです。

「助詞の使い方はどうか?」、「文そのものが悪文になっていないか?」などにも気を配り、ときに「この言葉は少し違うな。」と言いながら、こだわって板書をしていきましょう。

そのような様子を教師が授業中に見せることにより、子ども達も言葉にこだわりながら文章を書くという態度を身につけていくのです。

ユニット④ 視写

教科書の文章を視写させることも適宜行うとよいでしょう。

これは時間を決めて行ってもよいですし、宿題に出してもよいです。ノートに書きづらい子がいれば、教科書の文字数にあわせたマス目をパソコンで自作して、それに写させてもよいでしょう。

国語の教科書は、子どもの発達段階にあわせたうえで、理解しやすく、書きやすい文章が書かれてあります。それを利用しない手はありません。

そのほかにも、教科書以外からもってきた文章をパソコンで打ち直して印刷し、それを写させるという方法も考えられます。この方法では、必ずしも習っている漢字が出るとは限りませんが、少し難しい漢字を見よう見まねでも書くという経験をさせておくのもよいことだと考えています。

幼児でもまだ習っていないひらがなやカタカナ、ときには漢字を嬉々として書き写します。小学生でも同じように、「習ってないけど書けるかなあ?」と言いながら、書き写させてみましょう。

もちろん書くことに対して、苦手意識がある子どももいます。そういう子には「習っていない漢字は無理に書かなくてもいいよ。」と伝えておくことで、安心して取り組めるようになります。

ユニット⑤ 連絡帳の視写

どこの学校でも毎日書くものと言えば、連絡帳です。

連絡帳には次の日の時間割や、宿題や持ち物などを書かせますが、そこにもう一項目つけ加え、板書した文章を写させるようにしています。

私の場合は「よかったこと」を書くようにしています。このとき、学級全体でのよかったことを書いてもいいのですが、個人名が出てくる方が子ども達は喜んで書くようになります。

最初面倒くさいと思っていた子ども達も、慣れてくるとそれほど大変ではないので、そのうち当たり前のように書き始めます。

語彙を増やしたり、今日習った漢字を使えたりするような工夫を教師自身が毎日考えることで、教師の文章力もまた磨かれていくのです。


「子どもを伸ばすためには、まず自分が伸びようとする」

子どもには直接見えないかもしれませんが、そのような態度が実は大切だと私は考えています。

ユニット⑥ 漢字学習

漢字が書けるかどうかが、子ども達の中でも国語ができるかどうかの大きな基準になっていることがあります。場合によっては宿題だけで新出漢字の学習をおえてしまう場合もあるかもしれませんが、できれば授業の中でも教えて、習熟させていきたいと考えます。

以下に私が行っている漢字の指導法を一例として挙げさせていただきます。

パターン①【新出漢字の指導をする】

私はこの順序でまずは新出漢字の学習をしていきます。

①漢字を紹介する。
- 漢字そのものを見せる。
- 漢字の読みを教える。（音読みはカタカナ、訓読みはひらがなで板書する）
- 漢字の部首を教えたり、確認したりする。

②漢字を書く。
- 書き順は声を出して確認する。

ポイントは、「手などの体を動かす」、「声を出す」、「耳で聞く」、「目で見る」など体全体を使うこと。

また、漢字の学習はテンポよく行うことが大切。

書き順については、「いーち、に、さん、し」というように元気よく唱えさせる。

あるいは、「下村式」のような覚え方では、「豆」を「一（いち）、口（くち）、ソ、一（いち）」と分解して唱えさせる。

これらは空書きで確認する。空書きは子ども達が教師の方向を向いて（あるいは友達同士で向き合って）、相手にわかるように手だけで空中に大きく字を書かせる方法。

③個人練習をさせる。
　私は向山洋一氏と野口芳宏氏の実践をあわせた形で行っている。
・指書き
　指で漢字をなぞる。三回ずつや五回ずつなど、数を決めておく。
・なぞり書き
　鉛筆で、薄く書かれた漢字をなぞる。
・手の平書き
　前述した二つができた子から立たせて、手の平にその漢字を指で書かせていく。

　「十回書けたら座りましょう。」とゴールを示すことで、がんばれることが多くなる。

　また、手の平書きは時間がかかる子への時間あわせの役割ももっている。
④再度、確認のための空書きをする。

パターン②　【前倒し学習をする】

　教科書に出てくる漢字を順番通りその都度学習していく方法もありますが、私は前倒し学習を行っています。

　前倒し学習とは、教科書の進度に関係なく毎日何文字かずつ新出漢字を学習して、学習しおわったら当該学年の復習を残りの期間で行うという方法です。

　私は、毎日二文字ずつ学習させていますが、五、六年生であれば、十月ごろにはすべての新出漢字の学習をおえることができます。

ただし、その日だけ学習したのでは、二字ずつとは言っても当然覚えることができません。

① 最低三日間は同じ漢字を復習をすること
② その日のうちに復習をすること
③ テストで確認をすること

この三つは毎日行うようにしています。日常でのテストの方法は、次項にて紹介します。

十月にすべての新出漢字の学習をおえたら、その後はもう一度同じテストや百問プリントなどを使って復習をします。繰り返し学習することで、「漢字力」も確実についていきます。

パターン③【習熟・確認システムをつくる】

次ページに図で示したような簡単な十問の漢字テストを毎日します。「簡単」というのは、教師がつくるのが簡単であると同時に、子ども達も比較的簡単にできるテストです。

たとえば、初日に「情」と「現」という字を学習したとします。初日に作成するテストは、「情」と「現」の字を含んだ熟語二文字のみの読み方を書いたテストです。

二日目は「任」「際」、三日目は「態」「飼」を含んだ熟語を入れて、毎日二文字ずつ増やしていくのです。（六日目になると、一日目の漢字を削って新しい漢字を入れます）

実は、通常の漢字テストではこのつくり方だと不十分です。たとえば、五日目の五問目「じた

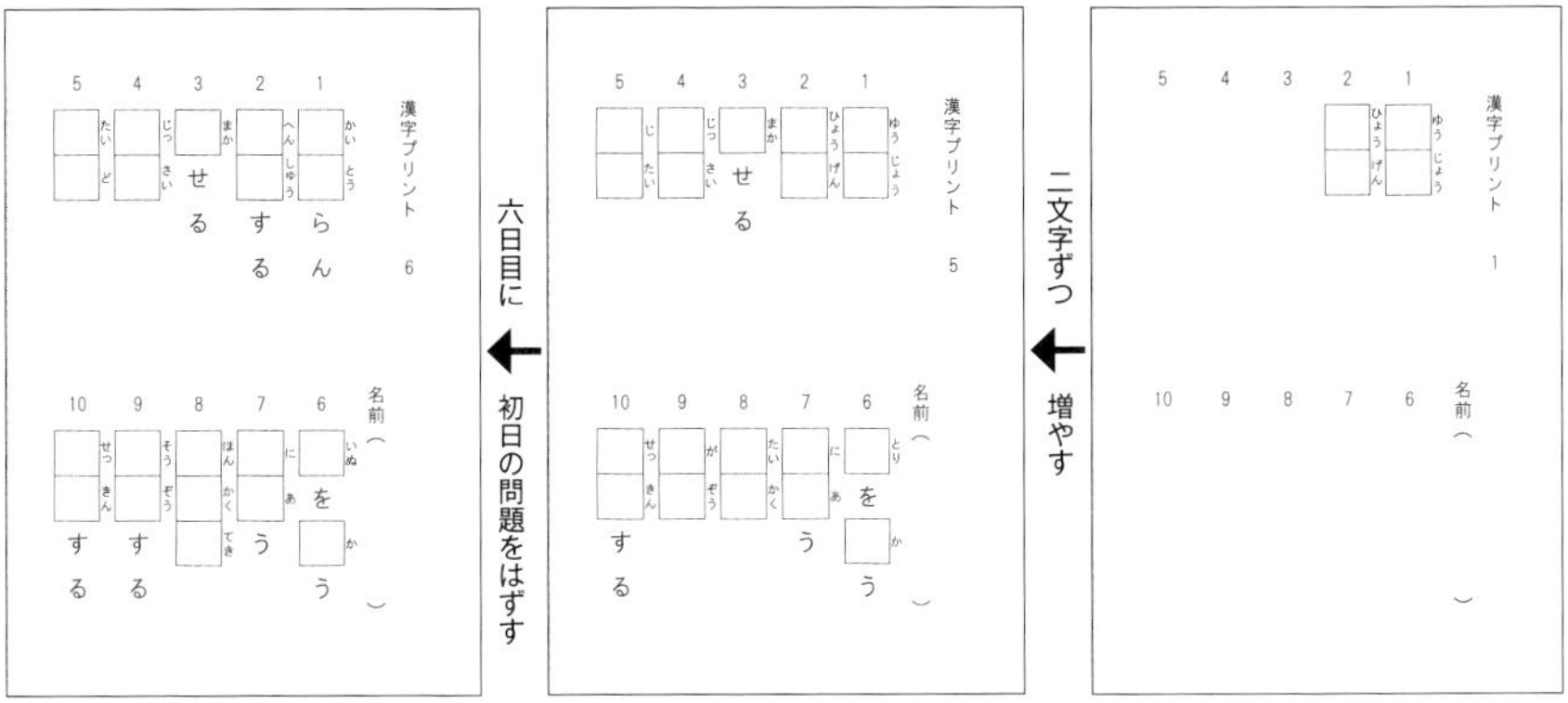

六日目　五日目　一日目

い」だけだと「事態」や「自体」のように、いくつも漢字が思い浮かぶからです。しかし、「ドリルに書いてある熟語を使っているよ。」と伝えることで、ここでの「じたい」は、「事態」に限定されます。

毎日二文字ずつ増えていきますが、結局五日間同じ漢字のテストをするわけですから、どの子も書けるようになります。

テストには「時間」をかけません。このテストは早い子だとていねいに書いても一分くらいでできます。逆に三分以上かかっても書けない場合はまだ覚えられていないので、「また明日ね。」と時間を切って答えを教えています。また、テストをつくる側も、二文字ずつ必要なところを入れ替えていくだけなので、さほど時間はかかりません。（使用する新出漢字はそのままで、出題する単語を変えることはあります）

このテストでは答え合わせを子ども同士でさせることも効果的です。方法は、あらかじめ解を教師が黒板に示してもよいですが、子ども達が協同的に学べる集団になっているなら、解を出さずに子ども同士だけで答え合わせをさせるとより効果が高くなります。また、面白いことにこれをすることで子ども達はテストに書く文字をていねいに書くようになり、書き間違いも減っていくのです。

みんなが簡単。そして、よくできるようになる面白いテストです。

コラム⑤

発言の「場」、発言の「方法」の多様さを教師が担保する

発言の「場」は、多様であれば多様である方がよいと考えています。

「対話」にこだわるなら、フォーマルではない方がよいですし、「発表」にこだわるならフォーマルな方がよいです。「どちらがよいか」という話ではなく、そのどちらも子ども達には必要です。

日常的に学級集団の「思考を広げる、深める」という観点から言えば「対話」を多くした方が有益だと考えますが、思考を焦点化させたり、広げたりして、より子ども達を高めていくためには、全体の場での「発表」も同じように必要です。

ただし、全体での発表の時間でしか「発言」の機会を用意していないとすれば、発言の「場」としては圧倒的に量が保証できていないということでもあります。

発表の「方法」も、「挙手指名」だけではだめです。

列で指名することや、子ども達の書いている内容、話し合っている内容を机間巡視などで把握しておいて、順番に指名していく「構造的な指名」も子ども達によっては必要でしょう。

「挙手指名にこだわらない」ということも必要なのです。

順番などを考えずにアトランダムに当てることで、こちらが思いもよらない斬新な考えや、深い気づきに遭遇し、教師自身が感動することもあるでしょう。だから授業は面白いと感じます。

第四章

国語科授業をさらに「楽しい」ものにするヒント！

本章はこれまでの授業法に少し工夫を加え、子どもも教師も授業を楽しむためのヒントを提示しています。

子ども達はここまでの実践で繰り返し勉強しているので、確実に力はついてきているはずです。

しかし、そればかりだと学習で重要な「楽しさ」を失わせていく可能性もあります。

また、学習に意欲をもてない、いわゆる「落ち着かない」学級では、まずは楽しい学習活動から入った方がよい場合もあります。大切な時間を使ってでも、子ども達の「国語って面白い！」という感情を喚起するところからスタートした方がよい場合も多いのです。必要に応じて取り入れ、「いつもの」授業に少しずつだけでも彩りを加えましょう。

ヒント①　物語文で人物相関図を書く

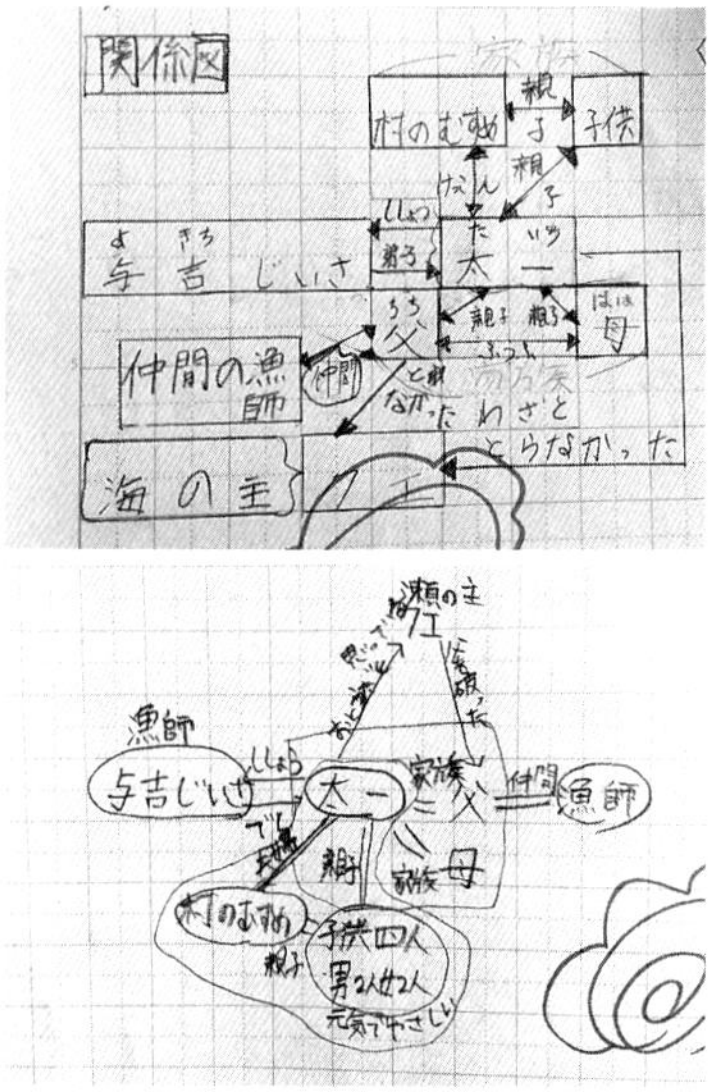

▶子どもが描いた人物相関図。

上の図は子どもがノートに描いた『海の命』（光村図書六年）の人物相関図です。

高学年ともなると、ドラマを日常的に見ています。インターネットなどを利用して、子どもが興味の出そうな人物相関図の例をいくつか提示しましょう。

そうやって、学習している物語文の人物相関図を書く活動を行います。

子どもによって書き方も違い、基本的な人間関係をおさえつつ、いろいろな人物相関図を書きます。それをシェアすることで、子ども達の物語に登場する人物の関係性への興味が深まり、理解も深まっていくのです。

ヒント②　カルタをする

ことわざや慣用句などは、カルタを使うと覚えやすくなります。

たとえば、「○月の国語の最初の五分間はカルタをするよ。」と伝えておき、ことわざカルタや慣用句カルタで遊ぶのです。

これは子ども達で調べたものをカルタにしてもよいですし、市販のものを使ってもよいです。

ヒント③　暗唱をする

名文の暗唱もおすすめです。

授業の最初の一分間程度を「暗唱タイム」として行い、その後「挑戦する人、起立！」と指示して言わせていきます。

さほど時間はとりませんし、学習前のウォーミングアップとしてもよい活動となります。

何よりも名文に触れることで、日本語のよいリズムの美しい言葉が体の血肉となっていきます。

ヒント④　誤答提示をする

あえて間違った解を示すことで、子ども達の能動性に火をつけることができることがあります。

たとえば、「ごんぎつねの主人公は兵十である。」などというものです。

そこで「いや違う」と子どもが言えば、しめたものです。「なぜ違うのか?」と問うことによって、子ども達はその根拠を文章中から探し出そうとします。その結果「ごんが主人公で……。」と前置きのように教師が教えてしまう授業とくらべ、より深い授業になってくるでしょう。

この誤答提示は、発問と同じ意味をもっています。

しかし、前述した『ごんぎつね』の例は、学級によっては「その通り」と子どもが考えてしまう曖昧さをもっているものになります。もっと明らかに違う答えを提示した方が、意欲的に学習に取り組める場合も多いと思います。

誤答提示でとぼける教師を一生懸命に説得しようと、学級全体が一丸となって根拠を練ろうとする姿が見られます。すると、自然と本文を読み込むことにもなります。

ヒント⑤ テストを解くセオリーを教える

国語のテストの答え方にはセオリーがあります。これを知っているかどうかで、テストで点数が取れるかどうか、テストを楽しめるかどうかが決まってくるのです。

「国語のテストは『ミッケ!』だ」

「いきなりどういうことだ?」と考えられた方も多いでしょう。

正確には「国語のテスト問題の八割から九割は『ミッケ!』(小学館)のように、本文中(絵)から答えに対応する部分や言葉を見つけられると答えがわかる!」ということです。

『ミッケ！』とは、写真の中に隠されているいろいろなものを見つけていく絵本で、その人気からたくさんシリーズ化されています。国語のテストは、それととても似ていると感じています。子ども達の中には国語のテストの問題は、自分の頭の中で文章を考えて書くものだと思い込んでいる子が少なからずいます。また、「国語って何を答えればいいの？」と考えてしまって、国語に対して苦手意識をもっている子もいます。

しかし、国語の「基本」は本文中に書いてある言葉を正確に読み取ることです。なので、テストで問われている多くの問題は、問題文に対応した言葉を本文中から探して、それをもとに答えを書くことが基本になります。

次にテストの解き方のパターンをいくつか示します。

パターン①　【「だれ？」や「なぜ？」を問う問題】

たとえば、「馬から落ちたのは、だれですか？」や「馬から落ちたのは、なぜですか？」を問う問題があったとします。

本文から探すのは、もちろん「馬から落ちた」という言葉です。その近くから、該当する部分を抜き出して答えるのです。

パターン②　【「作者が一番伝えたいことは何か？」を問う問題】

作者が一番伝えたいことが書いてある可能性が高いのは、「最初の段落」か「最後の段落」です。もちろん例外はありますが、基本的にはこの二か所です。

教科書でも「初め」「中」「終わり」と、文章の基本構成とその特長を教えるような内容になっていますが、それはテスト問題でも同じなのです。

このような答え方を教えるためには、教科書よりも問題集を利用する方が効率がよいです。その場合は子どもだけでさせるのではなく、教師が問題文を読み、どの言葉を見つければよいのかを一緒に確認します。最初は一緒に問題を解くことで、確実に力をつけることができるのです。

また、子ども達はともすれば、最初に本文すべてを読んでから問題文を読んで解こうとします。しかし、それでは問題を解くのに時間がかかりすぎてしまうのです。

そこで、テスト問題を読むうえでのセオリーを教えます。


「まず、問題文を読んで、そこに関係があるところだけ本文を読む」


ただ、問題文によっては、いくつかの課題文が提示されていたり、全文を読むことが必要になってくる場合もあります。その場合、第二章（50ページ）でも示したように「キーワード」を中心にして本文に何が書いてあるかを「ざっと」読むことが必要になる場合もあるのです。

もちろん、『ミッケ！』だけが、国語ではありませんが、小学校段階では本文中から見つけて答えを導くという「基本的」な仕組みは知らせておきたいものです。

ヒント⑥ 辞書指導を日常化する

辞書が使えることは、基礎的な学習技能の一つです。これが身についていると、中学校以降での学習の助けにもなりますし、家庭学習の際にも大きな武器になります。

次のような活動を行って、辞書を引くことを「日常化」させていきましょう。

ただ、私自身はわからない言葉すべてを辞書で引かせる必要はないと考えています。

「言葉の意味は、文脈から推測することで理解していく」


これは私達が産まれたときから現在に至るまでの、言語獲得の重要な要素の一つです。

そして、これは日本語だけではなく、他言語を学習する際にも重要な経験となります。

そのうえで、辞書を効果的に使うということを経験させていきたいと私は考えています。

① 辞書を手元に置く

日常的に辞書を引くことができるような習慣をつけるためには、まず日常的に辞書が手元にあるのが当たり前にしておくことが大切です。

そのためには二つの方法が考えられます。

- 机の上に辞書を常に置いておく。
- 手提げ袋に辞書を入れ、机の横にかけておく。

また、国語だけでなく、すべての教科で辞書を引きましょう。

もちろん辞書ばかり引くわけにはいきませんが、隙間を見つけて、「この言葉ってどういう意味だっけ？」と子ども達に尋ねて辞書を引かせます。

② 辞書や事典を教室に置く

辞書を引くことは、ほとんどの子どもにとっては日常ではありません。

そこで、子どもの目に入るところに教師自身が辞書を置いておくことをおすすめします。

私の教室には、国語辞典が三種類（広辞苑を含む）と、漢字辞典、英和辞典、和英辞典、アクセント辞典、ものの数え方辞典、古語辞典を置くようにしています。

もちろん、昔と違ってインターネットが使える環境の教室も多いでしょう。また、スマートフォンを持っている教師も多いと思います。

しかし、あえて教師自身がモデルとなって、「紙の辞書や事典をことあるごとに引く」ということを、子ども達に視覚的にアピールすることは、辞書を引くことを日常化させるためには大切なことだと思います。

③ ポストイットの実践

深谷圭助氏の実践で有名になった方法です。やり方はシンプルですが、子ども達にとっては自分のやってきた成果が可視化されるので効果がとても高いです。

やり方は次の二つです。

- ポストイットを子どもに配る。
- 気になった言葉を調べ、ポストイットにその言葉を書いて辞書に貼らせる。

このような指導や取り組みを行って、日常的に辞書を引かせるくせをつけていきたいものです。

第五章

国語科授業をさらに「深い」ものにするヒント！

授業を深めるヒント❶

教材研究と素材研究

視点① 教材研究

教材研究とは、教材を授業になるように組み立てていくことです。

教材研究なくして国語の授業は成立しません。それがないと、漢字と難しい言葉の説明や、教師の自分なりの解釈の説明、国語のテストでの点の取らせ方のレクチャーにとどまってしまいます。

教材研究には、次の三つの視点が必要です。

① 教師の解（教えたい内容・つかませたい内容）
② 教師の発問・指示
③ 子どもの活動・思考

国語に限りませんが、授業ノートを見ると、①の教えたい内容しか書いていないことがよくあります。すると結果的に、教師はそれをひたすら説明するだけにとどまってしまいます。子どもはただ、教師の話を聞いているだけで、ときどき思いついたように、教師自身が明確に答えだと思っていることだけを、子ども達に尋ね、「正解」を答えさせ、また教師が説明していくという授業になります。これでは、「深い学び」を達成することはとてもできません。

教えたい内容はもちろん必要ですが、そこに子どもの学びが入っていないのです。「主体的」でも「対話的」でもありませんし、ましてや「深い学び」なんて、とても言えません。

子どもの学びは、子ども達の行う具体的な学習活動や思考に表れます。そして、それを行わせるには、教師の「発問・指示」が必ず必要となります。こういったことに気をつけた授業ノートには、次のような内容が書かれているはずです。『一つの花』（光村図書四年上）を例にとります。

発問………「お父さんはどうして花をあげたのでしょうか？」
指示………「教科書の文中の関係がありそうな部分に線を引きましょう。」
活動………子どもが教科書の文中に線を引く
　　　　　子どもが発表する
　　　　　花があげたかったわけではないことに気づいた子どもを教師が称揚する
補助発問…「お父さんは本当に花をあげたかったのでしょうか？」
　　　　　「なぜたくさんあげなかったのですか？」
活動………話し合いをさせる
予想………子どもの意見を出させる
　　　　　「それほどたくさんなかった。」
　　　　　「時間がなかった……。」

子どもの考えの予想は、それこそノートいっぱいになるほど書けるとよいです。私は現在はそれにしばられないようにするためにあえて書かないこともありますが、自分の「解」は書きます。

やはり最低限「発問・指示」、「子どもの活動」、「教師の解」の三つが存在しないと、授業としてはお世辞にも面白いと言えるような授業にはなり得ません。

本書では発問・指示をパターンで示しました。そのパターンに教材をあてはめながら、よりよい「解」を教師自身が考えていくことが、子ども達にとってのよりよい授業、楽しい授業を支えていきます。

先行実践（人が既に行っている実践）について調べるということも大切にしたいものです。

今のインターネットが発達したこの情報化社会の中で、それを調べることは一昔前にくらべれば、さほど難しいことではなく、また、書籍でも多くの価値ある実践が示されています。

そのような実践にあたるということは、教師という授業の専門家である「研究者」としては、必要なことだと私は考えています。

視点②

素材研究 ～「深い学び」へ誘う～

国語の解釈はある程度多様でよいと思いますし、完璧な解釈なんてものもないと思います。読む視点によって、解釈も異なるからです。入試問題に出された文章の解答例を実際に作者が読んで「自分はそういうつもりで書いていない。」と言うことも、ざらにあります。

このことは、問題作成者は「文章の構造から読み解く」という視点からの「解」を、作者は「自分の心情や考えを反映する」という視点からの「解」を考えているからです。

ただし、多様だからといってデタラメな解釈を子ども達に教えてよいことにはなりません。教師がしっかりと読み込んだうえで、頭を悩ませ、自分なりの「解釈」をもつことが大切です。

次に挙げるような項目を調べ、教材そのものを読み込んで教材を解釈することを素材研究（作品研究）と言います。

①　作者
②　時代
③　作者のほかの書籍
④　独特の言い回し
⑤　引用されている文献や文章
⑥　難解語を辞書引き
⑦　気になる言葉や言い回しを辞書引き
⑧　使われている漢字
⑨　既出の解釈、書評

まず、⑥～⑧の言葉を調べることがスタートだと私は考えています。

最低限「漢字」の読み方は確認しておく必要があります。漢字によってはいくつか読み方があり、その文脈や語感によって読み方が違うものがあるからです。用法や用例がたくさん載っている辞書を用意しておくとよいと思います。また、複数の辞書があるとさらによいでしょう。

「言葉」については難しい言葉はもとより、わかっていると思い込んでいる言葉も時間があれば一度調べてみるとよいです。思い違いをしていたり、複数の意味があったりすることもしばしばあります。どれも完璧に調べる時間はないのですが、それでも毎年少しずつ調べていくと長年の蓄積で、教師自身の語彙力も向上していきます。

②の時代背景を知ることも必要です。

特に戦争教材を扱う際には、その時代の背景（空気感も含めて）を知ることは、子ども達に誤った感覚を教えないためにも必要です。

たとえば、「戦争には本当は行きたくなかった。」とか「戦争はいやだと思っていた。」という解釈を初めから子ども達に求めているのでは、と感じる授業に出合うことがあります。でも、果たしてそうでしょうか。あの時代、多くの市井の人々は戦争に対して、本当にそのような感情を抱いていたのでしょうか。

また、①の作者について調べることも大切だと思います。

作者の生い立ちや背景は文章には関係ないとおっしゃる方もおられますが、私自身は作品を読み解くためには重要な「情報」だと考えています。

たとえば、「わたしと小鳥とすずと」という金子みすゞの詩があります。なんだか楽しくて幸せそうな詩として読まれることがありますが、私はそう解釈はしていません。

彼女の生涯を知り、ほかの作品も知ることで、あの詩には彼女の深い悲しみや苦しみ、人に対する失望を感じると思います。そして、それでもなお人に光を見い出そうという強い願いも感じます。

また、『手と心で読む（光村図書四年上）』では、北原白秋の「からまつ」が引用されているページがあります。

ただ、その引用が意図的なのか、そうでないのかわかりませんが、一番の詩の前半部分しか載っていないのです。

からまつの林を過ぎて、
からまつをしみじみと見き。

載っているのはここまでです。

しかし、母親が筆者に伝えたかった部分は、載っていないその後半ではないかと思います。

からまつはさびしかりけり。
たびゆくはさびしかりけり。

失明しそうな自分の息子が、点字を勉強することを躊躇している様子を見ていて、まず自らが点字を勉強し始めたのがこの詩です。

この詩を点訳した母親は「一人で行くのは寂しいよ。でも、私も一緒に歩いてあげるからね。」というメッセージも込めて点訳したのではないかと、私は考えました。

そう考えると、筆者が点字を学習し始めた理由がより強くなり、そして点字を通じて人とつながるという意味もまた強まるのではないかと思います。

室生犀星の「ふるさと」も、作者がどのような生涯を過ごしたかを知るか知らないかで、解釈の深みは変わってきます。作者が住む場所を変え、「ふるさと」にどのように感じていたのか。

また、「やまなし」も、その頃の宮沢賢治の人生に何が起こっていたのか。そして、同時期にはどのような作品を残したのか。それらを知ったうえで、あのような児童向けの物語の中で何を書き表したかったのか。そのようなことを考えるための「ヒント」は、素材研究する中でこそ、多く得られるものなのです。

もちろんその素材研究によって得られた教材解釈が必ずしも正しいとは限りませんが、授業をするうえでそのようなことを知っているかどうかは、教材研究にも少なからぬ影響を与えます。

ただ、注意しておきたいのは自分が知ったことをそのまま（量、質ともに）子ども達に伝えようとしないことです。子ども達に提示するのは、調べたことのほんの一部だけでいいのです。

その一部を、子ども達に「深く深く」考えさせるのです。それこそが、素材研究をもとにした教材研究のあり方というものです。

文章を書くこともそうですが、解釈するのにも、読む人の「背景」が大きく影響します。その「背景」をより豊かに深く知るためには、やはり素材研究が必要だと私は考えています。

すべての教材で、それぞれ十分な素材研究の時間をとることは難しいでしょう。しかし、年間に一本か二本、せめてその学年の中心教材だけでもこのような素材研究をすることで、すべての文章にはそれが書かれた「背景」というものが存在することを実感していくことができます。

すると、子どもに示す解釈についても、迷うようになるのです。そうした「解釈についての迷い」も、国語の授業者としては必須だと私は考えています。

迷いつつも、教師自身が「ああ、そうか。」と驚きを感じて発見をし、新しい「解」を見つけることで、早く「授業がしたくなる」と感じるのは、決して私だけではないと思います。

視点③

『主体的・対話的で深い学び』

新しい小学校学習指導要領のメイントピックは「主体的・対話的で深い学び」です。

では、「深い学び」とは何でしょうか。

私は「主体的・対話的な学び」は「子どもにさせたいこと」、「授業に向かう様子」を示しており、必達目標の色合いが濃いのに対し、「深い学び」は教師自身の努力目標に近いと感じます。

たとえば、国語を専門としてキャリアを十年、二十年と積んだ教師と、新卒教師の「深い学び」が同じであるわけがありません。その大きな違いとは、何でしょうか。

それは、この章で示した「教材研究」と「素材研究」の大きさの違いだと考えます。

もちろん、子どもの実態や授業構成の善し悪し、授業スキルの巧緻によって、子ども達が「深い学び」に到達しやすい、しづらいということはあるでしょう。

しかし、子ども達にどこまで読み取らせたいか、どこまで書かせたいか、という具体的な姿は「教材研究」や「素材研究」の深さや広さによって変わってきます。作者の育ちや人となり、時代背景まで調べ、品詞の一つひとつまで吟味したうえで子どもにする授業と、ただ一読し、指導書通りに流した授業では、授業の深さには大きな違いがあるということです。

私はより「深い学び」を子ども達に味合わせるための教材研究や素材研究は、子どもに教える仕事をしている限り、少しずつ学び、自分達のできる範囲の中で続けていくことが大切なのです。

教師が「深い学び」をし、その一部を子ども達に問うていくのです。

授業を深めるヒント❷

カリキュラムマネジメント
～他教科で行う「話す・聞く・読む・書く」～

国語の「話す」、「聞く」、「書く」の単元の教材をよく読んでみましょう。よく見ると、社会科などの他教科の学習、総合的な学習の時間、特別活動の時間などとリンクできるような内容になっていませんか。だから、国語の教科書には「例示」として教材が書かれていると私は考えています。「例示」なので、その教材に必ずしもこだわる必要はありません。「同じような」言語活動に取り組めばよいのです。

ただし、とりあえずやればいい、ではなく、目標があります。次ページにその目標に対応する学習指導要領の一部を抜き出しています。そして、その目標に準じた教科書（光村図書四年上・下）

第２　各学年の目標及び内容
〔第３学年及び第４学年〕
２　内　容　〔思考力，判断力，表現力等〕
A　話すこと・聞くこと
(1)　話すこと・聞くことに関する次の事項を身に付けることができるよう指導する。
ア　目的を意識して，日常生活の中から話題を決め，集めた材料を比較したり分類したりして，伝え合うために必要な事柄を選ぶこと。
イ　相手に伝わるように，理由や事例などを挙げながら話の中心が明確になるよう話の構成を考えること。
ウ　話の中心や話す場面を意識して，言葉の抑揚や強弱，間の取り方などを工夫すること。
エ　必要なことを記録したり質問したりしながら聞き，話し手が伝えたいことや自分が聞きたいことの中心を捉え，自分の考えをもつこと。
オ　目的や進め方を確認し，司会などの役割を果たしながら話し合い，互いの意見の共通点や相違点に着目して，考えをまとめること。
(2)　(1)に示す事項については，例えば，次のような言語活動を通して指導するものとする。
ア　説明や報告など調べたことを話したり，それらを聞いたりする活動。
イ　質問するなどして情報を集めたり、それらを発表したりする活動。
ウ　互いの考えを伝えるなどして、グループや学級全体で話し合う活動。
B　書くこと
(1)　書くことに関する次の事項を身に付けることができるよう指導する。
ア　相手や目的を意識して，経験したことや想像したことなどから書くことを選び，集めた材料を比較したり分類したりして，伝えたいことを明確にすること。
イ　書く内容の中心を明確にし，内容のまとまりで段落をつくったり，段落相互の関係に注意したりして，文章の構成を考えること。
ウ　自分の考えとそれを支える理由や事例との関係を明確にして，書き表し方を工夫すること。
エ　間違いを正したり，相手や目的を意識した表現になっているかを確かめたりして，文や文章を整えること。
オ　書こうとしたことが明確になっているかなど，文章に対する感想や意見を伝え合い，自分の文章のよいところを見付けること。
(2)　(1)に示す事項については，例えば，次のような言語活動を通して指導するものとする。
ア　調べたことをまとめて報告するなど，事実やそれを基に考えたことを書く活動。
イ　行事の案内やお礼の文章を書くなど，伝えたいことを手紙に書く活動。
ウ　詩や物語をつくるなど，感じたことや想像したことを書く活動。

〔平成29年告示　小学校学習指導要領　第２章第１節国語より引用〕

には、次のような単元が設定されています。

▼よりよい話し合いをしよう（学級での話し合い）
▼話す言葉は同じでも（話し方聞き方指導）
▼新聞をつくろう
▼だれもが関わり合えるように（主に福祉についての内容に対して調べ、発表する）
▼「クラブ活動リーフレット」を作ろう
▼聞き取りメモの工夫
▼わたしの研究レポート
▼未来の自分に向けて

この単元は、何も国語の時間だけで行う必要はないのです。「教科書」だからと言って、何が何でもその通りにすればよいというものではありません。教科書は学習指導要領の目標に沿ってつくられているのですから、その目標が達成されればいいのです。教科書にある内容を踏襲したうえで、ほかの教科や領域で言語活動を行ってみましょう。

では、先に示した四年生の学習内容を国語以外の教科や領域、生活や学習の場面で行うとしたらどうなるのでしょうか。

次に例を示してみます。

▼よりよい話し合いをしよう（学級での話し合い）
↓　学級活動・代表委員会【通年】
▼話す言葉は同じでも（話し方聞き方指導）
↓　全教科【通年】・取り立て指導・SST【特活・道徳】
▼新聞をつくろう
↓　学期に一、二回行う。総合的な学習の時間と行事や校外学習のまとめ
▼だれもが関わり合えるように（主に福祉についての内容に対して調べ、発表する）
↓　総合的な学習の時間【福祉に関する体験学習や校外学習、施設訪問などと関連させて】
▼「クラブ活動リーフレット」を作ろう
↓　「クラブ紹介」の活動とあわせて、あるいは「学校紹介」や「クラス紹介」など類似の活動に代替する
▼聞き取りメモの工夫　↓校外学習前に指導する
▼わたしの研究レポート　↓総合的な学習の時間　【○学期】
▼未来の自分に向けて　↓総合的な学習の時間、学活、道徳
二分の一成人式など、年間のふり返り活動と関連させて

このように書き出してみると、ほかの教科領域や日常活動とリンクさせやすい提示になっている

ことが確認できるでしょう。いや、むしろほかの教科領域の中で行った方が、子ども達が「必要感」を感じ「主体的」に取り組むことができると感じられると思うのです。それを期待して教科書にはこのような活動が提示されていると考えるのが妥当ではないでしょうか。

「学級遊びで何をするか？」や「学芸会で何をするか？」の方が教科書にある話し合い活動の教材で学習するより、何倍も「主体的」に学ぶことができます。何かを紹介したり、お手紙を書く教材も、目的意識が薄い教材で行うより、相手の姿が見え、社会や総合的な学習の時間での体験学習と関連させて学習の文脈が見える形で学習した方が子ども達の主体性もより強く生まれます。

たとえば、「学級会」に関する内容であれば、国語の授業でも一度はその内容をおさえておきましょう。そして、実際の学級活動でもそれを活かし、学級に応じたアレンジを加えつつ、話し合い活動を行っていくとよいでしょう。

また、「総合的な学習」とリンクさせやすい内容も多く見られます。積極的に取り組みましょう。

「討論」は国語だけでなく、算数や社会、理科などでも行うことができます。「縄文時代と弥生時代、どちらで生活したいか？」や「鎖国はするべきだったか？」などのテーマで討論すると盛り上がります。

社会や総合的な学習の時間での取材活動で、メモをすることは必須でしょう。取材に向けて、「どのように話せばいいのか？」、「聞き方はどうか？」などを考え、練習していくのも言語活動として非常に意味のある活動となります。

そして、その取材をもとにした新聞づくりなども立派な言語活動です。教科書には「新聞」を題

第２　教育課程の編成
２　教科等横断的な視点に立った資質・能力の育成
(1)　各学校においては，児童の発達の段階を考慮し，言語能力，情報活用能力（情報モラルを含む。），問題発見・解決能力等の学習の基盤となる資質・能力を育成していくことができるよう，各教科等の特質を生かし，教科等横断的な視点から教育課程の編成を図るものとする。
〔平成29年告示　小学校学習指導要領　第１章総則より引用〕

材とした教材が散見されます。それを利用して、新聞づくりをさらにレベルアップさせましょう。

このように教科や領域を横断的に行う活動は、国語で「教材」として扱うような「学習」ではなく、「言語」をあくまでも物事を解決する「ツール」として考えた言語活動となります。

そして、ほかの教科や領域での学習活動を行いながら、国語の教科書に書かれてある内容を辞書的に使うのも「あり」です。そのときは、教科書で出る文章や漢字にも触れさせ、ある程度それを踏襲しておく必要があります。場合によっては、その文章を視写させることも効果を上げます。なぜなら、該当学年の新出漢字や、その学年にふさわしい言葉・表現がその文にはちりばめられているからです。

皆さんに確認しておきたいことは、何のために国語を学ぶのかということです。

私は言語活動そのものを学ぶことが目的ではなく、たとえばよりよい学級会を行うために、言語を磨いていき、さまざまな課題を解決するためのツールとするためだと考えています。それこそが、子ども達の未来にもつながる、本来の国語の目的ではないでしょうか。

ここまで読んでもまだ「本当に他教科とリンクさせていいの？」と思う読者もいらっしゃるかもしれません。でも大丈夫です。上記の学習指導要領から抜き出した一部を読んでみてください。しっかりと「カリキュラムマネジメント」が位置づけられているのがわかります。

教師は年度当初に国語の教科書をざっと読んでおくと同時に、学校の年間計画、及び各教科やその領域、特に社会科と総合的な学習の時間の内容をざっと見ておきましょう。そのうえで国語と関係性の高そうなものを見つけて、授業計画を立てておくと見通しをもててよいです。

また、内容によっては日常的なルーティーンの中に入れ込むということも考えられます。

行事とのリンクを考える際、教科書の順序を入れ替えるなどの工夫は、大切なカリキュラムマネジメントです。左の写真は非常にざっくりしたものですが、五年生を担任したときに私がつくった計画表です。より細かいものをつくれているとなおよいのですが、時間がなければこれくらいのものでも十分に価値があると考えます。

これをつくっておくだけで年間を通しての国語の時数の心配がぐっと減ると思いませんか。

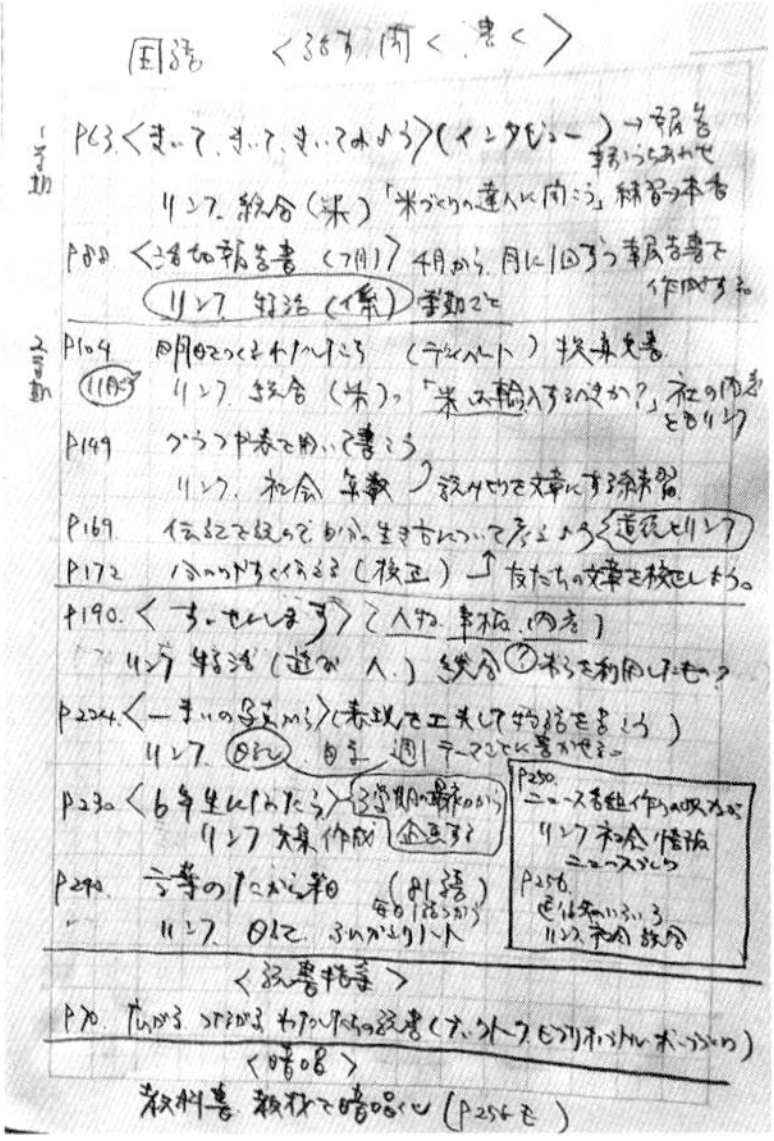

▶五年生担任のときに作成したカリキュラムマネジメントを意識した授業計画表。

なお、単元のまとめに「話す」、「聞く」、「書く」のテストが設定されていないものもあります。

「話す」、「聞く」、「書く」についての評価はテストの点数だけでなく、実際の活動の様子をいくつかの視点をもち、いろいろな方法で子どもを観察して行っていく方が学習のねらいに沿ったものになるでしょう。

「読む」ことについては、どの教科でも日常的に辞書を引かせたり、キーワードを意識した発問をしたりするなど、「日本語を使って学習している」と少し意識するだけでも違ってくるでしょう。

しかし、次から紹介する「書く」と「話す・聞く」を他教科と具体的にリンクさせた方法は、国語の時間で学習するよりも子ども達の意欲・関心も高まるし、時間も設定しやすくなります。

視点①　「書く」を他教科の言語活動とリンクさせる

ここからは、先ほどまでに説明したことの具体例を示していきます。

具体例①【手紙】

お礼の手紙は、それこそいろいろな場面で書くことができます。教科書に沿った形でフォーマットをつくり、それを「お手紙用紙」として印刷して教室に置いておきましょう。そうすることで、学年に応じた書き方を子ども達に伝えることができます。

そのようにして日常的に取り組ませて慣れさせていき、大きな行事や活動などの場合にはしっかりと時間をとって書かせ、それを評価すればよいでしょう。

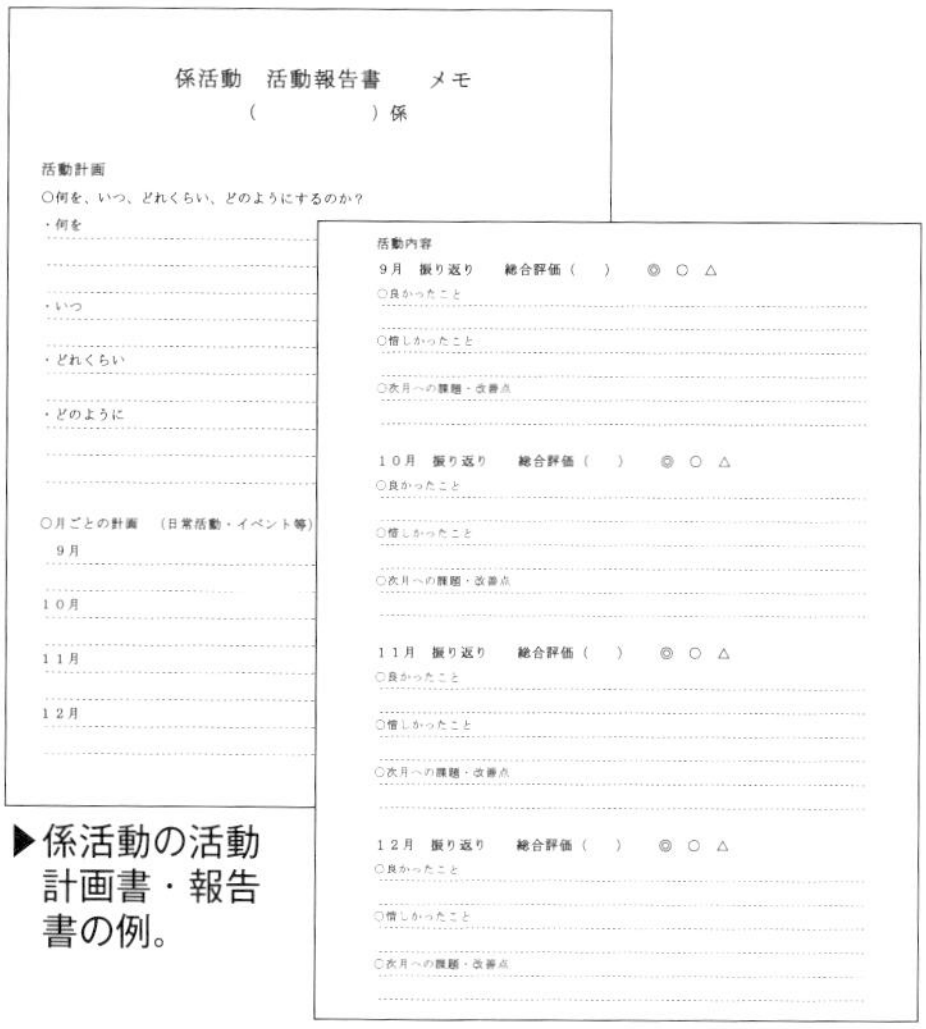
係活動　活動報告書　メモ
（　　　　）係
活動計画
○何を、いつ、どれくらい、どのようにするのか？
・何を
・いつ
・どれくらい
・どのように
○月ごとの計画　（日常活動・イベント等）
9月
10月
11月
12月

活動内容
9月　振り返り　総合評価（　）　◎　○　△
○良かったこと
○惜しかったこと
○次月への課題・改善点
10月　振り返り　総合評価（　）　◎　○　△
○良かったこと
○惜しかったこと
○次月への課題・改善点
11月　振り返り　総合評価（　）　◎　○　△
○良かったこと
○惜しかったこと
○次月への課題・改善点
12月　振り返り　総合評価（　）　◎　○　△
○良かったこと
○惜しかったこと
○次月への課題・改善点

▶係活動の活動計画書・報告書の例。

具体例②【計画書】

計画書をつくる活動は、案外いろいろな場面で行うことができます。

たとえば五年生なら「六年生を送る会」で、グループ分けをして計画書を書かせています。係活動などでは、どの学年でも学期初めに活動計画書を子ども達に書かせるようにしましょう。

これも回数をこなし、周りの取り組みを見て学ぶことで、子ども達は徐々に上達していきます。

具体例③【新聞】

これも教科書の内容に沿った形でフォーマットをつくっておき、行事がある度に新聞をつくらせましょう。つくったものは印刷して「○○のまとめ」として冊子にしてもよいでしょう。すると、友達のいろいろな表現に触れられることで、子ども達の表現力も高まります。

最初の頃は時間もかかると思います。しかし、何度も繰り返し行うことで、新聞を書くことに慣れて早くなってきます。

視点② 「話す・聞く」を他教科の言語活動とリンクさせる

具体例①【インタビュー】

インタビューを校外学習や総合的な学習の時間に、意図的に位置づけましょう。

事前にインタビューの練習を行って、実際にインタビューに臨めるよう授業の順番などを組み立てます。その後に新聞や作文、発表資料をつくる活動をすることで自然とリフレクション（ふり返り）になります。聞く内容が十分でなかったことや、聞き方が上手でなかったこと、というのがまとめるときになって気づくのです。その「気づき」こそが次の自分自身の、あるいは学級の「課題」となります。

そう考えると、失敗は次の成功への「種」となるのです。そのためにも、年間で何回か同じように「インタビュー活動」を組み込んだ授業をさまざまな教科や領域で行っていく必要があります。ここでもまた、スパイラルに学ぶことによる価値を見ることができるでしょう。

具体例②【スピーチ】

スピーチは、朝の会などに位置づけて日常的に行うことで効果が高まります。（84ページ参照）

具体例③【話し合い活動】

「学級会」を中心に話し合い活動を行いましょう。

教科書には「学級会」や、それに類似した話し合い活動が紹介されています。

それを参考にしつつ「自分達の議題」で「学級会」を行うのです。

何度も言いますが、自分達にとって必要感がある話し合い活動の方が子ども達も本気で取り組みます。本気だからこそ、言葉や話し合い技術がさらに磨かれていくのです。

ただし、教科書に示された形式（役割分担や話し合いの順序）をまねすることは大切です。うまくいかないときに、自然と教科書に立ち返ることができ、少しずつでも話し合いが上達していくようにできます。

対話だけでなく、よりフォーマルな場での話し合い活動も多く経験しておいた方がよいでしょう。それは、小さな議題でも「学級会」を開いていくことで、だんだん上手になっていきます。

最初の頃は話し合いも右往左往し、時間もかかりますが、慣れてくるにしたがって的を射た話し合いが、短時間で行えるようになります。

コラム⑥

授業中に気になったことは、どんどん教科書に書き込ませる

教科書に自分の考えや思ったことを書かせる指導法をご存知でしょうか。

一斉指導の中で子ども達に問えること、考えさせることには、どうしても時間の限りがあります。すべての子どものすべての思いを拾うことは不可能なのです。

そこで、次のようなことを教材を読んでいる際などの気になったときに書かせておきましょう。

- 自分が感じたこと。
- 「どうして?」と思ったこと。
- 筆者と違う考え。
- 記述にさらにつけたせること。

このようなことを教科書に書き込ませておくことで、後の学習にも役立ちます。子ども達によってはこの方法が「あっている」場合もあり、子ども達が主体的に「問い」をもつことにもつながります。そういった学びが、個の学びを保証していきます。

このような昔からある方法もたくさん知っておくことで、授業をさらに動かすことができます。

第六章

低学年の国語科授業をパターン化する！

低学年の
国語科授業
❶

楽しみながら「量」をかせぐ

一・二年生の学習は、ほかの学年と少し趣が違います。特に一年生は保育園や幼稚園との学びの連続性ということを考えると、「楽しみながら」国語の力をつけることが大事になります。

これは学習指導要領の体育の記述から拾うと理解しやすいのですが、基本「遊びの延長」からスタートしています。低学年では内容を「しっかり教える」というよりも、教師が「裏の意図」をもちつつ、子どもを「遊ばせていく」授業を意識して構成していくとよいかもしれません。特に入門期である一年生はそのような意識を教師がもち、子ども達が「いっぱい話したい」、「いっぱい書きたい」、「いっぱい読みたい」と思えるような授業を考えていく必要があるでしょう。

低学年の国語の授業で最も大切なことは、一言で言えば「量」をかせぐことです。

学習指導要領の一部を上記に引用しています。

(1)に「親しむ」という言葉が出てきます。改めて辞書で調べてみると、次のように説明されていました。

第2　各学年の目標及び内容
〔第1学年及び第2学年〕
1　目　標
(1)　日常生活に必要な国語の知識や技能を身に付けるとともに、我が国の言語文化に親しんだり理解したりすることができるようにする。
(2)　順序立てて考える力や感じたり想像したりする力を養い、日常生活における人との関わりの中で伝え合う力を高め、自分の思いや考えをもつことができるようにする。
(3)　言葉がもつよさを感じるとともに、楽しんで読書をし、国語を大切にして、思いや考えを伝え合おうとする態度を養う。
〔平成29年告示 小学校学習指導要領 第2章第1節国語より引用〕

① 親密に接する。親しくする。「子供たちに━・まれる遊び」「幼いころから━・んだ友」
② いつも接してなじむ。「読書に━・む」「自然に━・む」

つまり、常に「読む」、「話す」、「聞く」が身近にあるということを主眼に置いて指導するのです。そして、身近にあるようにするためには、子どもが「好き」、「楽しい」と思えるように授業の内容を考えていきます。

教科書もそのような意図でつくられていると考えて眺めてみると、なるほどと思えませんか。たとえば、国語の教科書の一年生上の最初の単元を見てみると、ほとんど絵しか描かれていないと思います。つまり、そこではその絵を見て「いっぱい話をしましょう。」ということなのです。

その絵を見ながら話をし、子ども達にイメージを膨らませてたくさんしゃべらせましょう。出てきたものを教師が板書していきます。ほとんどの子ども達は、就学前から文字に触れていることが多くなりました。全部が全部読めなくても、まずは教師が文字や言葉をたくさん「書き」、たくさん「見せる」ようにしましょう。ほかの章でも書きましたが、学習の初期段階では「量は質に転化する」ことを意識しておくことが大事です。

また、一年生の前半までは「話すこと」、「聞くこと」、「読むこと」、「書くこと」の内容が明確に分かれておらず、それぞれが密接にリンクしています。そして、一年生の後半から、少しずつそれぞれの領域に特化した形で学習していくことになるのです。

「主体的・対話的な学び」を

機会を見つけて、幼稚園や保育園での子ども達の様子を見に行ってみましょう。いろいろな場面で「主体的・対話的」に学んでいる様子が見られると思います。

「学ぶ」という言葉には「学習」や「勉強」にくらべて、「主体的に」とか「興味をもって」というニュアンスが強く含まれています。

たとえば「遊び」の中で、幼児は言語に触れ、科学的理解の基礎に触れ、社会的構造基礎を体感的に知り、それらを総合的・横断的に学んでいきます。

これこそが「主体的・対話的で深い学び」の原風景ではないでしょうか。

先ほど抜粋した学習指導要領の中に「伝え合う」という言葉が二度も出てきます。

つまり、教師主導の「教え込む」学習から、「伝え合う」学びへ、子ども達がこれからの社会で求められる資質の獲得に向かって、学び方が既に転換しているということなのです。

その「伝え合う」という行為を「子どもが挙手して先生が指名する」だけという形式的な場面での発表しか想定していないのではと思われる教師もいます。学習指導要領には「日常生活の中で」とあるように、より「日常」に近い形で、話をたくさんさせるという場面を想定しましょう。

それだと「ちゃんと話が聞けなくなる」、「じっとしていられなくなる」、と考えられる方もおられるとは思いますが、実際は逆だと考えた方がよいと思います。脳機能、もっと言えば前頭前野のはたらきは、そのように日常的な環境で楽しくあれこれおしゃべりをしたり、動きながらしゃべった方がより高まっていくと考えられています。

そして、前頭前野のはたらきが高まることにより、結果的に子どもが「落ち着く」ことがより容易になっていくのです。子どもの発達段階から考えても、そのようにたくさん体を動かし、たくさん話をさせた方が、大きくなったときに「落ち着いて学習できる」と考えましょう。

もちろん、小・中と連続して学習が進んでいくことを考えると、一般的に考えられる「いわゆる落ち着いて学習する」ということも教えていく必要はありますし、現段階では学校教育に対する理解と期待という点では、ある程度の我慢というのもさせていく必要があるかもしれません。ですが、可能な範囲でできるだけ動かし、できるだけ対話させるようにしていきましょう。

そうして「日常生活における人との関わりの中で伝え合う力を高め、自分の思いや考えをもつこと」をできるようにしたり、「思いや考えを伝え合おうとする態度」を養ったりするのです。

それはもちろん、国語の授業時間の中で行っていくこととしてです。

また、それまで自由に過ごしていた子ども達が、一年生になったからといって、とたんに一時間中じっとしているのは難しいものです。

そして、彼らの行動力は実は多くの小学校教師が思っているよりも優れていて、また質が高いことも多いのです。

ちょっとでも話し合いができそうな場面があれば、時間を限定して話をさせてみましょう。

低学年でこそ「主体的・対話的な学び」に向かうべきだと私は考えています。

低学年の国語科授業❸

「ユニット」を取り入れた指導

ここまでの話を念頭に置いたうえで「読みの指導」のパターンやユニットなどを提示したいと思います。もともと子どもは大人にくらべて飽きっぽいものですが、低学年の子どもは中・高学年の子どもにくらべて、さらに驚くほど飽きっぽいです。最初は、四十五分集中して授業を受けることすら難しいと思います。でもそれは、「四十五分を一つの活動だけで行う」という前提ならです。一時間の授業をいくつかの「ユニット」に分けるだけでも、子ども達は集中力を発揮します。

たとえば、一時間の授業の中に、三～四つの活動を入れて授業をつくるのです。

ユニット①	音読
ユニット②	ひらがな・カタカナ・漢字などの文字学習
ユニット③	読解・そのほかの活動
ユニット④	絵本の読み聞かせ

これはあくまでも一例ですが、音読は短時間でも授業始めのウォーミングアップとして毎時間行い、ひらがなやカタカナ、漢字練習などの文字学習も毎日、帯で学習していくようにしましょう。その後、本時の中心となる読解や「話す」、「聞く」、「書く」活動を行います。

そして、時間があれば短時間でも絵本の読み聞かせをするという形なら無理がないと思います。もちろん、子ども達の集中度や、活動の内容によってはユニットで区切らずに、丸々一時間読解やそのほかの活動を行えばよいとも思います。ですが、低学年はいくつかのユニットに分けて授業を行う、ということを基本線として考えておくだけでも授業の準備が楽になります。

低学年の国語科授業❹

物語文の授業パターン

次の学習パターンは、読みの指導を中心に記述していますが、ユニットでの学習を基本軸としております。一時間の中の冒頭には音読や漢字の指導なども位置づけて構成しましょう。

一時間目	子どもの理解度をはかる　～音読・初発の感想を言う～
二時間目	音読練習・「『登場人物』を問う」「『台詞』を確認する」
三時間目	「登場人物の行動をもとに、物語の『あらすじ』を問う」
四時間目	「『どうして？』を問う」
五時間目	音読をする

低学年の読みの指導も、基本的には中学年、高学年と同様に考えますが、「目標」が少し異なるため、少し教材の趣が違っています。それによって、授業の構成の仕方も変わるのです。

一時間目

子どもの理解度をはかる　～音読・初発の感想を言う～

教師が一度物語を読み、簡単に感想を言わせます。そのとき、「どんな話？」と聞いてみると、子ども達の理解度を確かめることができます。

二時間目

音読練習・「登場人物」を問う「台詞」を確認する

「登場人物」を問うことは必須です。ただし、教材によっては「主人公」が必ずしもはっきりしない場合もありますので、主人公がわかりやすい場合のみ、「主人公」を扱うとよいでしょう。

また、主人公や対役などを「主要な登場人物」であるというとらえ方ももちろんできるのですが、低学年にはまだ難しいと感じるので、単に「登場人物」とだけ押さえる方がよいと思います。

また、どの「台詞」を誰が言っているかを問うことも大切です。音読指導が中心となる低学年では「台詞」が生命線なのです。

三時間目

物語の「あらすじ」を問う

低学年の物語文は、基本的に「順を追って」読んでいくと、話がよく理解できるようになっています。「**最初に**何があったの？」、「**次に**何があったの？」、「**それから**……。」というように、子どもと一緒に順を追ってあらすじをおさえていきましょう。

また、このような「問いかけ」は次項で説明する説明文での学習の布石にもなります。

太字の言葉に気をつけつつ、順序を尋ねるという意識を明確にして子ども達に問いましょう。

四時間目　「どうして？」を問う

ただあらすじを追うだけだと、ややもすれば退屈な授業となってしまいます。

それを解消するには、子ども達が「どうしても話したくなる」発問が必要となってきます。

たとえば、「どうして？」から始まる問いは、子ども達の意欲を刺激し、発言をうながします。

案外すらすらと読めていても、表面的な意味しかわかっていない子もたくさんいます。

「どうして？」、「なぜ？」という問いで、より子ども達の読みを深めていきましょう。

五時間目　音読する

最後にもう一度音読をします。内容を理解したうえでの子ども達の音読は最初とは大きく違うはずです。

低学年の国語科授業❺

説明文の授業パターン

一時間目　子どもの理解度をはかる　～音読・初発の感想を言う～
二時間目　音読練習
三時間目　「順序を考える」「文章の共通点を見つける」
四・五時間目　「書く」活動で「同じところはどこでしょう?」

一時間目　子どもの理解度をはかる　～音読・初発の感想を言う～

二時間目　音読練習

三時間目　「順序を考える」「文章の共通点を見つける」

低学年で中心となる指導事項は「順序」、「順番」です。二年生の後半くらいから「初め・中・終わり」の概念が出てくることもあります。

第二章で紹介した中学年以降用のパターンは使える部分もありますが、使えない部分の方が大きいでしょう。また、ほかの学年とくらべて「書く」ことと密接的にリンクしています。使えそうな発問をピックアップし、授業を組み立てます。

なので、「最初は」、「次に」などの副詞に注目して読ませ、次の書く活動につなげるようにしていきます。また、「このように」など、まとめを意識させる言葉も出てくるので注意させます。

「文章の共通点を見つける」ことも大切に扱いましょう。子ども達が説明文の「型」を知ることにつながるからです。

四・五時間目　「書く」活動

最後に「書く」活動を行います。「説明文として」わかりやすく書くことを意識させるために低学年の教科書ではフォーマットが示され、それを模倣する形で作文を行うようになっています。

また、「同じところはどこでしょう？」と問うことで、共通した書き方の手本を意識するようになります。前時までの「読む」ことを通してて学んだ「説明文」のまねをして書くという経験を通し、「フォーマットを利用して書く」という原体験を積み重ねていくのです。

ここでもやはり「副詞」に注目させることは大切にしたいことです。

低学年の国語科授業❻

「言葉」を学ぶユニット

ここからは先ほどの基本的なパターンにつけ加えていくことで、より「言葉」を楽しく学んでいくためのユニットを紹介していきます。

ユニット① 絵本の「読み聞かせ」

低学年でまず「読む」きっかけとなるのは、やはり絵本の「読み聞かせ」でしょう。学校図書館で借りたり、地域の図書館で借りたりするなど本を準備し、まずはできるだけ教師がたくさん本を読んであげましょう。子どもが好きなもの、自分が好きなもの、教科書に例示されているものなどから選びます。

「たくさん」と言っても、子ども達が気に入っていれば、同じ本を何度も読んであげてもいいのです。そうやって、シャワーのように多くの言葉を聞き、目にすることができる「環境」をつくっていくこと。それこそが、「読み」の指導の入り口です。

時間がなければ、物語の「さわり」だけを読んで、「後は、教室の後ろに置いておくからね。」と言って、後ろにその本を置いておくことで読みたい子は読むでしょう。もちろん、それで全員がその本を読むわけではありませんが、そういう「種」をたくさん蒔いておけばいいのです。

「全員に必ずさせたいこと」と、「する子が一人でもいて、きっかけとなればいいこと」とを分けて考えると、子どもも教師もちょっとだけ楽になります。

また、絵本の読み聞かせは「読む」ことの入り口になるだけではなく、想像力を豊かにしつつ、子ども達の語彙を増やしてくれます。文脈や絵などから、言葉の意味や使い方を類推して、言葉を学んでいくのです。

下手な授業よりも、読み聞かせの方が効果があるのではないかと思うくらい、力がつくのです。

大人はストーリーを追うことに集中しようとしますが、子ども達はそうではありません。子ども達の思考はあっちにいったり、こっちにいったりします。ストーリーと直接関係ない絵に興味をもつことだって多々あります。でも、それがまた絵本のよいところなのです。

絵本から豊かな想像が子ども達の頭の中に広がっていきます。

そうやって、絵本の世界に浸っていくことも、また大事なことです。

そう考えると一年生の教科書には絵がたくさん載っているので、読んでいるとストーリーに関係ない部分に子ども達が反応するかもしれません。ですが、そういう反応も否定せず、ゆるやかに受け止めながら読んでいくとよいでしょうね。

絵本の読み聞かせは、絵本を媒介とした教師や子ども同士でのコミュニケーションの役割ももっているのですから。

ユニット②　言葉集め

「言葉集め」はいろいろな文字や表現を学ぶたびに行うとよいでしょう。

この活動を活性化させるには掲示が胆（きも）です。カタカナ学習を例にとって紹介します。

やり方は、まず短冊をたくさん用意しておきます。そして、カタカナ集めをして短冊に一つずつ書かせます。書けたら、それを模造紙に貼るなどして掲示します。その際、新しい言葉を見つけたら、いつでもたしてよいことを伝えておきましょう。学習と遊びの境界線がなくなったとき、子ども達の学習は「学び」に変わり、広がり、深まり、血肉となっていきます。

また、言葉集めをしていくと、小さい「ッ」や伸ばす音にも自然と注目できるようになります。いろいろなテーマで言葉を学習する度に言葉集めをしていくことで、子ども達も学習の見通しがもてます。

そうやって、低学年の語彙力もスパイラルに学習して伸ばしていくことができるのです。

ユニット③ 「話す」「聞く」「読む」「書く」

一年生では、まず「話す」、「聞く」から学びがスタートします。

この「聞く」には「絵本の読み聞かせ」も入ると考えてよいと私は考えています。実際、自分の思いや考えをもちながら子ども達も聞いているので、物語に入り込んだとき、自然と自分の思いをつぶやいて「話す」ようになるのです。

そして、少し遅れて「読む」が少しずつスタートしていきます。

こうした活動は学期の最初の余裕がある時期に、たくさん話させ、たくさん聞かせ、たくさん読ませておくことが大事なのです。

「大人になっても、人の話を聞くのは難しいもの」

ましてや幼い一年生、しかも入学したてならばなおさら、人の話を聞くよりも話すことの方に夢中になります。もちろん「聞く」指導もしていきますが、まずは可能な限り「話させる」ようにしましょう。それが豊かな言語感覚のもとになっていきます。

「話す」、「聞く」そして、「読む」が少しずつ始まり、いよいよ「書く」文字指導が始まります。子どもが文字を書きたくなったら、紙を渡してたくさん書かせましょう。絵も描きたがる子には、描かせます。絵本が文字と絵がセットであるように、子どもの書く字も実は絵と地続きです。

そして、絵と字を書かせられたら、ここでも教室内に貼って掲示しておきましょう。

同世代の子どもが書き始めると、書くのが苦手な子も「まね」をして自然と書き始めます。

ここではまだ「書く」力が十分ではなくても、少しでも書けるようになっていることで、やはり後の指導は楽になっていきます。

また、友達のまねをするときには、「どうやって書くの？」と自然と子ども同士で聞くようになってくるので、教師が一人ひとり教えて回らなくても、周りの子が教えてくれたり、勝手にまねをしたりして覚えていきます。

ユニット④　ひらがな指導・カタカナ指導

もちろんひらがなやカタカナも系統的に学習していく必要があります。

漢字と同じように学習していけばよいと考えますが、セオリーがあります。

「簡単な文字には、時間をかけない」

一筆で書けるような簡単な文字は時間をかけず指導します。一度に三文字、四文字学習しても大丈夫な文字もあれば、一文字でも子どもにとっては難しいと感じる文字もあると思います。

また、ひらがなは簡単だと思いがちですが、漢字よりも覚えづらいものです。それは、形そのものに意味がないからです。

ひらがなよりもカタカナの方がシンプルで覚えやすいということも知っておくとよいでしょう。年間でそれらを扱う時間配分も意識でき、余裕をもって指導することができるようになります。

また、カタカナを覚えることで、ひらがなが覚えやすくなることもあります。

どこかでいろいろなことがつながる可能性があると考え、一度に全部をきちんと指導しなければならないと思い込み過ぎないようにするとよいでしょう。

ユニット⑤　連絡帳指導

連絡帳は、一年生の六月くらいから書かせる方が多いと思います。

しかし、「ひらがなを全部教えていないから、まだまだ先……。」と思い込まず、早い時期からどんどん書かせていくとよいと思います。

もちろん、最初は時間がかかります。単語だけにするなどの少しの量から始めましょう。

だんだんと書くことを増やしていく中で、最後に一つか二つ文を入れるようにしていきます。

テーマは何でもよいです。たとえば、「その日にあったこと」でもいいし、「嬉しかったこと」でもいいでしょう。

そうして続けていくことで、しばしば「先生、つけたしてもいい？」と尋ねる子も出てきます。そのときは「どうぞどうぞ。」と言ってどんどん書かせて、学級全体にそれを紹介しましょう。すると、喜んで自分から書く子ども達が増えてきます。こうした活動を繰り返すことで、どんどん書くことが好きな子どもが増えていくのです。

ユニット⑥　日記指導

日記指導も非常に効果が高い活動です。

ここでもまた「質より量」を重視します。

教師は、子どもがたくさん書けたことにまず喜び、どんどんほめていきましょう。

個別に文字を教えるひらがな指導も大事ですが、「自分が書きたいことがあり、そのために必要な文字を『どうやって書くのか？』と友達や先生に問いながら覚えて学んでいくこと」は、この先の文字習得にあたってても大きな意味があると思います。

「せんせい、あのね。」から始まる日記指導が教科書に紹介されていたこともあり、いろんな教室で広がりました。

この例のように、「初めの言葉」を規定したり、「テーマ」を決めると書きやすいことがあります。最初は何か教師側から書きやすそうなテーマを提示しましょう。もちろん、子ども達に書きたいテーマがあるなら、それを書かせてもよいと思います。

コラム⑦

多様な「読み」を許容して、後の生活にも根ざすような「国語」の力を

本書では、「構造的な読み」や「論理的な読み」につながる授業のあり方について書いていますが、こと「国語」ということで考えると、それ「だけ」が正解ではありません。

もちろん、子ども達がこれから生きていく大人の世界では、さまざまな文章を構造的に、そして論理的に読んでいくことは必要不可欠です。

また、そのような読みができるからこそ、クリティカルシンキング、つまり批判的な読み方や文脈や行間から背景を類推することができるようになるのです。

感覚的な読み方では、そのような読み方にたどり着くことは難しいでしょう。

ただ、私達の「生活言語」である「日本語」の役割はそれだけではありません。

「文脈や主題、論理とは関係なく目に入ったたった一つの言葉で、たった一つのセンテンスで、人生が変わる」

「筆者の主題提示とはまったく異なった文脈で、人生に影響を与える」

おおげさではなく、出合った文章によってはそういうことが普通に起こりうると思います。

「言葉」や「文章」は、「生活」や「感情」とつながっています。それは必ずしも、「みんながある程度同じ」である必要はありません。

たとえば「切ない」という言葉一つとっても、人によって思い浮かぶ情景は違います。それは、

違って当たり前なのです。戦争教材を読み取る際、親族の死や大きな災害にあって友人知人をたくさん失った子ども達とそうでない子ども達とでは、まったく違う読み取り方をするでしょう。そのような集団単位での読み取りの違いもあれば、一人ひとりの読み取りの違いも明確にあると考えています。同じ文章を読んで、全員が同じ感じ方をするなんてことはありえないのです。

もちろん、書かれている文章の文脈・意図は正確につかませたいとは考えています。ただ、それと同時に、その違いを楽しみ、多様性を感じるための活動もまた必要なのです。教科書にもそういった教材が収録されています。たとえば、次のような活動です。

『動いて、考えて、また動く』(光村図書四年上)

▼自分の考えを発表しよう

①『動いて、考え、また動く』を読んで、**あなたは、次のうちどこにきょうみをもちましたか。**

(選択肢と②は省略)

③まとめたものを発表し合いましょう。**あなたと友達とでは、考え方や感じ方にどんなちがいがあるでしょう。**

また、国語は「言語活動」のハブ的(中継的)な教科です。「カリキュラムマネジメント」と呼ばれる教科間の連携にもまた必要なのです。

理科や算数などでの論理的な記述も社会の叙述的で説明的な記述も、道徳での情緒に訴えかける記述もあり、それらを国語とどのように連携させるのかを、教師はある程度意識する必要があります。それを意識させておくことで、子ども達の中学校以後の国語の授業への認識が変わってきます。「全教科を通して言語活動は行っていくものだ」という認識です。

いくらグローバルな時代であると言われようと、私達の母国語である日本語が私達日本人の思考と論理と情緒を形づくります。だからこそ、より日本語を大切にし、論理的な読み方と同時にその子どものその時期の情緒的なとらえもまた大切にしていきたいのです。

国語の授業のみのわずか二百時間前後で、母国語を習得させるのではなく、できることならば、教科間の連携が圧倒的に行いやすい小学校段階で、それを体感させていきたいものです。

「『国語』は全教科を通して学び、使いこなしていく」

そう考えると「学校国語」とも言えるような規定された読み方だけでなく、一人ひとりの生活に根ざし、そして将来を支えるような国語の時間となることを学校での授業は本来は期待されているのです。

繰り返しますが、本書では主に論理的、構造的な読みを中心に書きました。

ただ、それがすべてではなく、あくまでもこれから子ども達が生きていく社会の中で「基盤」となる国語力であって、そこから派生するもの、あるいはそれとは別個に存在するものとしての「国語」もまた大切なものだと私は考えています。

参考文献

本書を執筆するうえで参考にさせていただいた書籍です。もとより私が国語科の授業づくりをするうえで参考にしてきた書籍でもあります。機会があれば、皆さんにもぜひ参考にしていただきたい書籍です。

○『国語の授業が楽しくなる』向山洋一著・明治図書・一九八六年一月
○『授業の腕を上げる法則』向山洋一著・明治図書・一九八五年六月
○『「分析批評」の授業の組み立て方』浜上薫著・明治図書・一九九二年二月
○『国語科授業づくり10の原理100の言語技術』堀裕嗣著・明治図書・二〇一六年三月
○『授業で鍛える』野口芳宏著・明治図書・一九八六年三月
○『入門「分析批評」の授業』井関義久著・明治図書・一九八九年九月
○『国語の授業力を劇的に高めるとっておきの技法30』岩下修著・明治図書・二〇〇六年二月
○『教師と子どもの読解力を高める』岩下修著・明治図書・二〇〇九年二月
○『「討論の授業」の第一歩』向山洋一教育実践原理原則研究会著・明治図書・一九九六年十一月
○『向山型「分析批評」の授業』向山洋一教育実践原理原則研究会著・明治図書・一九九六年十一月
○『「附子」の言語技術教育』渋谷孝、市毛勝雄著・明治図書・一九九七年八月
○『総合学習を指導できる〝教師の力量〟』奈須正裕著・明治図書・一九九九年六月
○『「ゆさぶり発問」の技』古川光弘、サークルやまびこ著・明治図書・二〇〇九年七月
○『教科で育てる基礎学力を見直す』古川光弘、サークルやまびこ著・明治図書・二〇〇二年四月
○『国語科授業づくりの深層』多賀一郎、堀裕嗣著・黎明書房・二〇一五年六月
○『発問上達法』大西忠治著・民衆社・一九八八年四月
○『下村式漢字練習ノート』下村昇著、まついのりこ絵・偕成社・二〇〇五年七月
○『やまなし授業解説本』東京教育技術研究所・（九九年版）
○『読みの力を育てる用語』白石範孝編著・東洋館出版社・二〇〇九年七月
○『どの子も伸ばす学力づくり』岸本裕史編著・清風堂書店・二〇〇三年四月
○『向山型国語全パーツ10の原則』向山型国語熊本塾編
○『学級を最高のチームにする極意　アクティブ・ラーニングで学び合う授業づくり』赤坂真二編著・明治図書・二〇一六年十月
○『小学校で育てる！60のチカラ』石川晋、南恵介著・フォーラムA・二〇一七年三月
○『資質・能力　理論編「国研ライブラリー」』国立教育政策研究所編・東洋館出版社・二〇一六年二月
○『「資質・能力」と学びのメカニズム』奈須正裕著・東洋館出版社・二〇一七年五月
○『力の5000題小学校高学年国語』教学研究社・二〇一〇年七月

【参考・引用教科書】
○『光村図書　小学国語（一〜六年）』平成二十六年三月検定
○『東京書籍　小学　新しい国語（一〜六年）』平成二十六年三月検定

国語用語集

本書で登場する国語で使う言葉を「国語用語」と呼びます。ここで紹介するような用語の定義は、まずは教師がしっかりもっている必要があります。ここがぶれると子どもも戸惑ってしまい、勉強を阻害することにもなります。子どもの学習を支える教師の必須技能なのです。

本文でも簡単には説明していますが、ここではさらに詳しい定義や解説をしていきます。

※ここで紹介する「国語用語」については、まだそれほど浸透しておらず、必ずしもどこでも通用するものではないかもしれません。しかし、教室で学習するうえでは、これらを知っておくことで教師も子どももより学習しやすいことは確かです。必要に応じて子ども達に教え、そして、教師もそれを足がかりにして教材研究をしていきましょう。

▼**初発の感想**＝物語や文章を一読した後に書かせる、最初の感想のこと。

▼**登場人物**＝物語に登場する人物。

ただし、擬人化されている場合は動物や植物、あるいは「もの」なども登場人物ととらえる。

後述する「大道具」や「小道具」と混同する場合も散見されるが、劇を演じるときに「役がつく人」という定義をすることで、登場人物の定義がしやすくなる。（人によってこの定義は違うことがある）

また、たとえばモブシーン（集団での登場場面）の場合はどうするかなど、教師自身が定義する必要がある。私の場合は、風景と同じようにどのような動きをしていようが物語に大きな影響を与えない場合を除いて、それぞれ登場人物として取り上げるようにしている。

▼**主人公**＝あらすじの中心にいる人物。その人を中心に話が進んでいる人物。

小学校の教材であれば、その物語の中で成長したり、心情が変化したりなどする人物。

▼**対役（ライバル）**＝主人公に対して、（最も）影響を与える人物。

例『ごんぎつね』のごんに対する兵十。

『大造じいさんとがん』の大造に対する残雪。

▼**脇役**＝主人公と対役以外の登場人物。（定義によっては、対役も含む）

▼**小道具**＝物語に登場するもので、なくてはならないもの。また、登場人物としては考えられない生物についても「小道具」とする。

このように定義することで、『ごんぎつね』に出てくるうなぎを登場人物と考えることがなくなる。

▼**大道具**＝物語に登場するもので、なくてはならないもので、移動が比較的容易な小道具に対して、移動が難しいものを「大道具」とする。

▼**背景**＝ものの中で、移動をしないもの。

多くの場合、自然のものを指す。

例「木」「池」

▼**キーアイテム**＝小道具や大道具の中でも、特に重要な役割を果たすもの。

例『あめ玉』に出てくる「あめ玉」などは、キーアイテムとして非常にわかりやすい小道具である。

▼**布石**＝授業の後半につながりが出てくる、物語前半の出来事やキーアイテムを指す。

物語の構造を考えるうえで、重要な考えになる。

▼**形式段落**＝行頭が形式的に一文字下がっている行から、次に一文字下がっている行の前の行までを指す。小段落と呼ぶこともある。

▼**場面段落**＝物語文において「場面」が異なっている段落。

通常、文章がひとかたまりで示されており、場面段落ごとの間に一行空きが挟まれていることや、場面段落ごとに数字がふってあることも多く、視覚的に理解しやすい。

小段落に対して、大段落と呼ぶこともある。

▼**意味段落**＝説明文において「内容・意味」が大きく分かれている段落。

物語文の「場面段落」に対して、説明文では「意味段落」と呼ぶ。

▼**クライマックス**＝物語で一番盛り上がる場面。

読者の心情が大きく揺れ動く場面を指すことが多い。

▼**枕**＝物語文において、本文に入る前段の語りや説明の文章のこと。

▼**作者（著者）**＝物語や詩などの作品を書いた人。

▼**筆者**＝説明文や評論文など、自分の主張を含んで事実を記した人。

▼**話者**＝物語中などで物語を、進めていく語り手。
ストーリーテラー。

▼**比喩**＝「たとえ」の表現法。
主に直喩、隠喩、擬人法などの種類がある。

▼**直喩**＝「〜のように」「〜みたいだ」などの直接的な表現を使って、たとえるものをはっきり示して表す。
例「まるで火のように燃えさかる紅葉」
「君の笑顔はまるで太陽みたいだ」

▼**隠喩（暗喩）**＝「〜のように」「〜みたいだ」などの直接的な表現を使わず、たとえるものをそれとなく示して表す。
例「君は荒野に咲く一輪の花だ」

▼**擬人法**＝人以外のものを、人のように見立てて表現する方法。
例「その広大な風景がぼくたちに語りかける」

▼**オノマトペ（擬音語・擬声語・擬態語）**＝音や声、様子・動作・感情などを簡単な言葉で表している。
例「ドンドン」「キャー」「ビュンビュン」「ガーン」

▼**品詞**＝単語を文法上の性質で分類したもの。
名詞、動詞、形容詞、形容動詞、感動詞、接続詞、副詞、助詞などがある。（以下、小学校の国語の授業で取り上げてもよいと考えられる品詞をいくつか挙げる）

▼**名詞**＝簡単に言うと「もの」や「こと」の名前を表す品詞。
例「石」「鉄」「○○さん（＝人名）」「岡山県」

▼**動詞**＝「動き」や「状態」を表す品詞。使い方によって、語尾の形が変わる。
例「笑う」「動く」「話す」

▼**形容詞**＝様子を表す品詞。
語尾が「い」でおわるが、「く」になることもある。
例「美しい」「楽しい」「嬉しい」

▼**形容動詞**＝様子を表す品詞。
語尾が「〜だ」「〜です」でおわるが、「なり」「たり」でおわることもある。
例「嬉しいです」「有名だ」「〜のようだ」

▼**接続詞**＝文と文、語句と語句をつなぐ品詞。
例「しかし」「だから」「そして」

▼**助詞**＝言葉と言葉をつなぐ品詞。あるいは、語尾につく品詞。
例「て」「に」「を」「は」「〜ね」

▼**問いの文（問いの段落）**＝単に疑問形の文を指すのではなく、文章全体を貫く「問いかけ」の文。

▼**答えの文（答えの段落）**＝問いかけに対して直接的に「答えている」文。それまでの主張をまとめつつ、問いと同じことに少し付けたしをして繰り返している場合もある。

▼**初め・中・終わり（序論・本論・結論）**＝文章の構成の仕方の一つ。（起承転結のものもある）
初め　（序論）…「話題提示・課題提示」の文。「問いかけ」の文を含む。
中　（本論）…話題提示・課題提示に対する「説明・例示」の文。
終わり（結論）…「結論」の文。「筆者の主張」を含む。

▼**話題提示・課題提示**＝文章全体のプロローグ。主に最初の段落に含まれる。
説明文では課題を提示し、それを読者に対してどう考えるか問いかける形ではじまることが多い。

▼**筆者の主張**＝課題提示に対する筆者の答えや結論。
本論からさらに発展させ、発展的な形で筆者が伝えたいことを表している場合もある。この主張を読者に伝えるために、その教材のすべての文章があると考えるとわかりやすい。最後の段落で、読者に問いかける形で主張を行う場合もある。

▼**反語**＝問いかけの言葉のようであるが、その後の言葉などを強調するために、あえてその反対の意味の言葉を話者が意図して発している。
例「わたしがすべて知っているとでも言うのであろうか。（いや、知っているはずはない。）」

▼**反対語**＝反対の意味をもつ言葉。
例「上・下」「右・左」

▼**対応語**＝反対の意味を表しているわけではないが、対応している（対として考えられる）言葉。
例「関西・関東」「父・母」

▼**アウトライン**＝物事や文章の全体像。概要。
「文章のアウトラインを示す」という使い方では、文章の詳細を記述せず、トピックのみを記す場合が多い。

▼**箇条書き**＝項目ごとに行を分けて、書き表す方法。
項目の書き方は、単語や簡単な文であることが多い。冒頭に「・」や「○」を書いて、より視覚的にとらえやすくする手法をとる場合もある。

あとがき

私自身、国語科が「専門」だというわけではありません。ですが、その分学習指導要領や教科書の意図に忠実であり、それでいて私達の目の前に広がる教室の中で工夫を重ね、変化をさせて子ども達がより深く学べるような授業を模索してきました。

本書で示したのは国語科授業の「基本的な入り口」を一つのパターンにして提示したに過ぎません。教室の様子が変われば、子どもの様子も違います。それにあわせて、発問や指示も変わります。また、小学校段階での国語科の授業は、あくまでも「国語力育成」の基礎にしか過ぎません。「これがすべてだ。」や「これが正解だ。」と教え込んでしまうことは、将来においての子ども達の国語力の育成や広がりという観点から見ると、問題があるような気がします。

たとえば、漢字の字形や筆順は、子ども達や教える教師側が混乱しないように一つしか示されていませんが、実際はそれらにいくつも正解があることを、どこかで教えた方がよいと考えています。

物語は「主人公を中心にとらえる」ということも、教科書以外の物語を読めば、かなりイレギュラーがあるとわかります。主人公以外の心情を追っていくもの、主人公が何人もいるもの、そもそも主人公が不在で最後まで現れないものなどさまざまなのです。

ただし、何度も書きますが、基本を知らないと応用はできません。だからこそ、小学校期の国語科では基本的なことを繰り返し繰り返しスパイラルに学んで、身につけさせていくべきなのです。

子どもの活動量を「豊富」に、かつ「深い」ものにしたいなら、教師の発問や指示はできるだけシンプルである方がよいのです。いわゆる「業者テスト」の問題だけに対応するような授業ではなく、大人になったときにいろいろな場面で本当に役立つ国語力の基礎を身につけることができるような授業。より深い解釈で進んでいく授業。広がりのある言語活動。それらを学ばせたいものです。

本書で紹介した「基礎的な学習のパターン」を学んだ後は、目の前の子ども達にフィットさせながら、よりレベルの高い国語科の学習を志向されていくことを望みます。これまでに「国語科を専門」とされている方々が、多くの優れた著作や実践を世に出されてきました。（本書の「参考文献」のページには、皆さんに参考にしていただきたい本も掲載してあります）ぜひ、そのような本を読まれて、より学習の幅を広げていかれることを私自身は期待しています。

基本を学び、自分なりにさらに広く、深く、学んでいく。

優れた国語科の授業は探せばいくらでもあります。

そのような授業を知り、授業に取り入れていくことで、目の前の子ども達が伸びていく様を見ることの喜びを感じ取りながら、また模索を続けていくことを楽しんでください。

本書が、多くの先生方の幸せと、その目の前の子ども達に力をつける一助となることを願っています。

最後になりましたが、フォーラム・Aの田邉さんには、筆の遅い私に最後までていねいに向き合っていただきました。心より感謝いたします。

南　恵介

【著　者】

南　恵介（みなみ・けいすけ）

小学校教諭

1968年、岡山県生まれ。
現在、岡山県美咲町立柵原西小学校教諭。
中学校、小学校での講師での勤務を経て、小学校教諭となる。
人権教育、特別支援教育をベースとした学級経営に取り組んでいる。
子ども達1人ひとりを伸ばすための、多様な学びのあり方について研究を進めつつ、試行錯誤しながら実践に取り組んでいる。

著書・共著
著書に『学級を最高のチームにする！　365日の集団づくり　5年』（明治図書、2016)、『子どもの心をつかむ！指導技術　「ほめる」ポイント　「叱る」ルール　あるがままを「認める」心得』（明治図書、2017)。
共著に『高学年担任必読！　小学校で育てる！　60のチカラ』（フォーラム・A、2017)、『きれいごと抜きのインクルーシブ教育』（黎明書房、2017)。

国語科授業のトリセツ
授業のパターン化で子どもが「主体的・対話的で深い学び」に向かう！

2018年3月30日　初版　第1刷発行

著　者　南　恵介 ©2018
発行者　面屋　龍延
発行所　フォーラム・A

〒530-0056　大阪市北区兎我野町 15-13
電話　(06) 6365-5606
FAX　(06) 6365-5607
振替　00970-3-127184

制作編集担当・田邉光喜

カバーデザイン―畑佐　実
印刷―(株) 関西共同印刷所 ／ 製本―立花製本

ISBN978-4-89428-947-5　C0037